明远教育基金
MING YUAN EDUCATION FOUNDATION

『四有』好老师系列丛书

顾明远　总主编

用爱托起明天的太阳

马骏　著

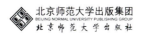

北京师范大学出版集团
BEIJING NORMAL UNIVERSITY PUBLISHING GROUP
北京师范大学出版社

特别感谢顾明远教育研究发展基金
对丛书的大力支持！

总序：“四有”好老师引领教师成长

2024年是习近平总书记提出“四有”好老师10周年。10年前的教师节前夕，习近平总书记来到北京师范大学考察，与师生代表座谈。会上，他勉励师生从事教师这一崇高的职业，论述了教师的作用：“教师是人类历史上最古老的职业之一，也是最伟大、最神圣的职业之一。”[①]习近平总书记引用人们常说的一句话：“教师是太阳底下最崇高的职业。”并提到，自古以来，中华民族就有尊师重教、崇智尚学的优良传统，“国将兴，必贵师而重傅；贵师而重傅，则法度存”。中华民族5000多年文明发展史上，英雄辈出，大师荟萃，是与一代又一代教师的辛勤耕耘分不开的。教师之所以重要，是因为教师的工作是塑造灵魂、塑造生命、塑造人的工作。习近平总书记说：“一个人遇到好老师是人生的幸运，一个学校拥有好老师是学校的光荣，一个民族源源不断涌现出一批又一批好老师则是民族的希望。”继而，他希望教师在科技进步日新月异、国际竞争日趋激烈的形势下，认

[①] 习近平：《做党和人民满意的好老师——同北京师范大学师生代表座谈时的讲话》，载《人民日报》，2014年9月10日。

1

清肩负实现"两个一百年"奋斗目标、中华民族伟大复兴中国梦的使命和责任，努力为发展具有中国特色、世界水平的现代教育，培养社会主义事业建设者和接班人作出更大的贡献。

怎样才能成为好老师呢？习近平总书记提出了四条标准。

第一，做好老师，要有理想信念。习近平总书记从我国历史上对教师的理解一直谈到今天对教师的要求，提出教师应是"经师"和"人师"的统一。他说，正确的理想信念是教书育人、播种未来的指路明灯。教师要始终同党和人民站在一起，自觉做中国特色社会主义的坚定信仰者和忠实实践者，忠诚于党和人民的教育事业，自觉把党的教育方针贯彻到教学管理工作全过程，严肃认真地对待自己的职责。

第二，做好老师，要有道德情操。习近平总书记说："老师的人格力量和人格魅力是成功教育的重要条件。"合格的老师首先应该是道德上的合格者，好老师首先应该是以德施教、以德立身的楷模。他希望老师把正确的道德观传授给学生。好老师的道德情操还包括师德。习近平总书记说，师德是深厚的知识修养和文化品位的体现，师德需要教育培养，更需要老师自我修养。习近平总书记非常关心教师，他说："现在，很多地方做老师还比较清苦，特别是农村基层小学老师很辛苦，收入不高，物质生活不是很宽裕，有些家庭负担较重的老师生活还比较困难。"他要求各级党委和政府都要关心广大老师的生活。同时，教师要有"衣带渐宽终不悔，为伊消得人憔悴"的精神，兢兢业业做好工作。做老师最好的回报是学生成人成才，桃李满天下。

第三，做好老师，要有扎实学识。习近平总书记说，扎实的知识功底、过硬的教学能力、勤勉的教学态度、科学的教学方法是老师的基本素质，其中知识是根本基础。所谓学识，不仅要有学问，还要有见识。习近平总书记认为，在信息时代做好老师，不仅要有胜任教学的专业知识，还要有广博的通用知识和宽阔的胸怀视野。他要求老师始终处于学习状态，站在知识发展前沿，刻苦钻研、严谨笃学，不断充实、扩展、提高自己。

第四，做好老师，要有仁爱之心。习近平总书记说："教育是一门'仁而爱人'的事业，爱是教育的灵魂，没有爱就没有教育。"他说，教育风格可以各显身手，但爱是永恒的主题。爱心是学生打开知识之门、启迪心智的开始，爱心能够滋润浇开学生美丽的心灵之花。他特别强调，老师要有尊重学生、理解学生、宽容学生的品质。老师要热爱每个学生，不能因为有的学生不讨自己喜欢、不对自己胃口就冷淡、排斥，更不能把学生分为三六九等。他说，老师在学生心目中具有重要地位，老师无意间的一句话，可能造就一个天才，也可能毁灭一个天才。这些讲话都具有很强的针对性，值得老师们认真思考。

习近平总书记所述好老师的标准，既有理论的论述、历史经验的解释，又有对现状的分析和具体的要求，具有很强的针对性和现实性。"四有"好老师一直引领着我国教师队伍的建设。

这十年来，习近平总书记到学校考察时，都要提到教师，提出对教师的要求。2016 年 9 月 9 日，习近平总书记在与北京市八一学校师生座谈时，再一次提到教师的重要，他鼓励教师做学生锤炼品格的引路人、学习知识的引路人、创新思维的引路人、奉献祖国的引路人。① 同年 12 月，习

---

① 《全面贯彻落实党的教育方针　努力把我国基础教育越办越好》，载《人民日报》，2016 年 9 月 10 日。

近平总书记在全国高校思想政治工作会议上强调，教师是人类灵魂的工程师，承担着神圣使命。[①] 2021 年，习近平总书记在视察清华大学时提出教师要做"大先生"。在党的二十大报告中，习近平总书记进一步强调："加强师德师风建设，培养高素质教师队伍，弘扬尊师重教社会风尚。"上述讲话为教师的培养和专业成长指明了方向。2022 年 9 月 8 日，习近平总书记给北京师范大学"优师计划"师范生回信，希望他们努力学习，毕业以后到祖国和人民最需要的地方去，努力成为党和人民满意的"四有"好老师。2023 年 9 月 9 日，在第三十九个教师节到来之际，习近平总书记致信教师代表时又提出了"教育家精神"。

从"四有"好老师、"四个引路人"、大先生，再到教育家精神，习近平总书记关于教师的一系列论述，形成了对广大教师思想、道德、学识、能力、作风、纪律等方面全方位的系统要求，赋予了人民教师崇高的地位和神圣的职责使命，是新时代进一步打造高素质教师队伍，推进教育高质量发展的行动指南。学习好、领会好、贯彻好、落实好习近平总书记关于教师队伍建设的重要论述精神，对于全面提升教师队伍质量和水平、加快推进教育现代化、建设教育强国具有重大而深远的现实意义。

顾明远

2024 年 6 月

---

① 《把思想政治工作贯穿教育教学全过程　开创我国高等教育事业发展新局面》，载《人民日报》，2016 年 12 月 9 日。

前　言

　　"国将兴，必贵师而重傅；贵师而重傅，则法度存。"教师是教育事业发展的根本，是提升教育质量的关键。在新时代背景下，教师面临着角色从单一走向多元、评价从一维走向多维、实践从独立走向协同等新形势和新任务，如何建设高质量教师队伍，支撑高质量教育体系？习近平总书记站在党和国家事业发展薪火相传、后继有人的战略高度，为新时代教师队伍建设指明前进方向，对教师工作提出明确要求。

　　2014 年，习近平总书记对全国广大教育工作者提出殷切希望，要求做"有理想信念，有道德情操，有扎实学识，有仁爱之心"的新时期党和人民满意的"四有"好老师。2018 年，习近平总书记明确提出广大教师要争做"四有"好老师；2023 年，习近平总书记强调"要引导广大教师坚定理想信念，陶冶道德情操，涵养扎实学识，勤修仁爱之心"。可见，"四有"好老师始终处于新时代教师培养最基础的地位，它既是教师传道授业的根本立场和品质保证，也是教师教书育人应坚守的道德底线，还是落实立德树人根本任务的保证和综合评价教师的标准，更是党和国家构建高素质、创新

1

型教师队伍的新期待和高要求。

面对这一方向，作为一线教育工作者，如何培育出更多新时代有理想信念、有道德情操、有扎实学识、有仁爱之心的"四有"好老师，成为我们教师队伍建设需要思考的重要问题。为此，我们以"四有"好老师为核心，结合自身教育实践，深入理解"理想信念、道德情操、扎实学识、仁爱之心"的要义，内化于心，同时，以其为标准，外化于行动，紧抓教师师能与师德建设，不断探索教师队伍建设的创新路径，打造教师发展的样本。

本书正是我们在一线教育实践中探索培育"四有"好老师的智慧结晶，它将理论和实践相结合，全面阐释我们对"理想信念、道德情操、扎实学识、仁爱之心"核心要义的教育思考与追求，系统呈现我们在"四有"好老师思想引领下的教育实践与具体行动，多元展示了我们一线教师的教育经历与育人故事。在"四有"好老师提出的十年节点上，希望这本书能为教育同路者在师德修炼及专业成长等方面提供有益的启示与借鉴。

目　录

第一章

唤醒使命感，
做"有理想信念"的好老师

◇◇◇◇◇◇◇◇◇◇◇◇◇◇◇◇◇◇◇◇◇◇◇◇◇

　　在价值取向多元、思想意识纷纭的今天，有坚定理想信念的老师，才能引导学生面对各种诱惑，"系好人生的第一颗纽扣"。我校以"三个牢固树立"为指导，加强教师理想信念的培养，引导广大教师牢固树立中国特色社会主义的理想信念，牢固树立终身学习的理念，牢固树立改革创新意识，踊跃投身教育改革创新实践，自觉肩负起推动现代教育发展的责任和使命。

　　本章从我们对教师理想信念的理解出发，聚焦我校党建工作、教师职业理想、传统文化教育，展现教师如何坚定中国特色社会主义道路的信念、教书育人的信念、文化自信的自觉。

1

理想信念乃教师精神之"钙"

习近平总书记在第 30 个教师节同北京师范大学师生代表座谈时，发表了《做党和人民满意的好老师》的重要讲话。他提出："国家繁荣、民族振兴、教育发展，需要我们大力培养造就一支师德高尚、业务精湛、结构合理、充满活力的高素质专业化教师队伍，需要涌现一大批好老师。"

那么，怎样才能成为好老师呢？正是在这篇讲话中，习近平总书记深刻阐述了新时代"好老师"的一些共同的、必不可少的特质：第一，做好老师，要有理想信念；第二，做好老师，要有道德情操；第三，做好老师，要有扎实学识；第四，做好老师，要有仁爱之心。在"四有"好老师标准中，"理想信念"是第一位的。理想信念是共产党人精神上的"钙"，也是每一名教师精神之"钙"，只有每一名教师自觉补足了精神之钙、灵魂之钙，才能更好地教育引导广大学生坚定理想信念，树立远大理想，立志报效祖国。

一、价值探寻，精神之"钙"之于教师的重要意义

理想信念，是好老师的人格基石。"师者，所以传道、授业、解惑也。"教师是人类文明的传递者、学生人生道路的引路人。有什么样的教师，就有什么样的教育；有什么样的教育，就有什么样的学生。一个抱有理想信念的教师，才有可能在孩子、青年的心中播下梦想的种子。同样，教师只有树立崇高的职业信念，把教书育人当作自己的伟大使命，才能实现教师专业发展。

1. 教师的专业发展需要教育理想的有效引领。古希腊哲学家苏格拉底说过："世界上最快乐的事，莫过于为理想而奋斗。"理想是人生航向的指南针，有理想的人，才会有信念、有追求。教育是追求真、善、美的事业，从事教育事业的人应该是怀揣教育理想、勇于追梦的人。伟大的人民教育家陶行知先生正是抱定"为中国教育寻觅曙光"的理想，以"捧着一颗心来，不带半根草去"的赤子之心，为人民的教育事业、民族解放和民主斗争事业鞠躬尽瘁、奋斗终生，做出了不可磨灭的贡献。他提出"生活即教育""社会即学校""教学做合一"的生活教育理论体系，在中国近现代教育史上是一个伟大的创举。① 陶行知先生的思想与教育实践，为后世留下了一座丰富的"宝藏"，有待今人去开发、去利用。教师只有有了教育理

---

① 段丽英：《坚定理想信念 追求像"大先生"一样做教育》，载《贵州教育》，2023(05)。

想，才会有奋斗的目标和方向，才会持续不断地发展自身的专业能力。

2. 教师的生命成长需要教育信念的有力支撑。信念是人生的支柱，是牵引人类战胜挫折与困难、走向理想彼岸的力量源泉。教育是基于信念的事业，是一种基于信念的文化活动。德国哲学家、教育家雅斯贝尔斯认为："教育须有信仰，没有信仰就不成其为教育，而只是教学的技术而已。"教师要从事好教育事业，就必须有坚定的教育信念，教育信念是教师一辈子追求的信仰，这种信仰是"唤醒学生潜能"的信仰，是"关注学生精神成长"的信仰，是"教学生学会学习"的信仰，是"办人民满意的教育"的信仰，它集中表现在教师对教育工作高度的责任感和强烈的事业心。

3. 理想信念是教师干好教育事业的根基。教师要想从事好教师职业，就必须牢固树立"淡泊名利，奋斗终生"的教育理想。在商品经济高度发展的今天，生活节奏越来越快，生活压力越来越大，淡泊名利是身处其中却能置身其外的一种豁达的心态、明澈的觉悟、潇洒的超脱，它会使人多一分清醒、多一分思考、多一分追求，是做人的崇高境界。教师要有一定的胸襟，有一定的情怀，能耐得住寂寞、经得住诱惑、守得住清贫，踏着学问阶梯不断攀登，向自己既定的目标前进。

身处这样一个多元互动的时代，我本人作为呼家楼中心小学的一校之长，更应树立自己坚定的理想信念。在我看来，"没有使命感的教育是盲目的，没有责任担当的教育是轻薄的"。学校教育从未像现在这样，承载着如此多的期待。全新的教育变革正在发生，伴随而来的是我们对学校价

值的反思与重新定位。作为教育者，行走在这样一个多元的时代中，我们
要与时代相融，要做先知先觉者，去发声，去引领，去变革，去改变。

抚今追昔，我在呼家楼中心小学工作了 38 年，做校长 24 年。做校长
初期，我更多思考的是建什么样的学校，培养什么样的学生。然而，随着
教育实践的开展和自我格局的打开，我真正意识到：在这样一个变革的时
代中，当代校长的使命不止于办好自己的学校、守望自己的一块教育田
地，更应该站在更高的层面，从为国家办学、为社会办学的大格局出发，
义无反顾地承担起推动教育发展的使命，正面出击并勇于尝试解决国家基
础教育中的痛点问题。

坚守：教育者的信仰与使命

正是带着这份责任和使命、带着对教育的深入思考，我努力去发现教
育中的痛点问题，回归教育的本质看问题，研究中西方教育的差异，并试
图去解决问题。"钱学森之问"一直是我国教育事业发展的一道艰深命题。
学科实践、核心素养、五育融合等改革内容的提出进一步指明了育人方
向。未来人才培养的重心不再局限于固定的知识技能，而是更加注重知识
学习与社会实践的有效联结，强调学生在真实性情境中综合运用知识解决
问题的能力，强调创新精神和实践能力，强调运用知识更好地创造生活及
服务社会的能力。那么，如何从知识本位走向素养本位，让学生链接真实
世界，培养实践能力与创新精神，成为我们办学者必须要思考的问题。

基于对问题的思考，我带领学校教师从 2008 年开始，历经 14 年进行
了四轮实践探索。第一轮是 2008 至 2010 年，我校进行初步改革，开展以

任务驱动为导向的综合实践活动研究，主要针对学生自主能力不强、缺少实践的问题，进行以任务驱动为导向的综合实践活动研究。第二轮是 2011 至 2014 年，深入开展了基于真实性情境的项目化研究，主要针对如何进行学科统整以提高学生综合运用知识解决实际问题能力的问题，开展基于真实性情境的项目化研究。第三轮是 2015 至 2017 年，我校全面优化，以系统思维完善项目群建设，构建 PDC 项目群育人体系。第四轮是 2018 年至 2023 年，我校深化应用，以实践探索、效果验证和持续发展为目的，构建学习和共享联盟。

历经 14 年的探索，我校自上而下建构起一套 PDC 项目群育人体系。这既是一条适合中国学生发展的本土化的育人模式，也是一套探索发展学生核心素养的可行的中国方案，更是我校对"钱学森之问"的积极回应。

变革：构建项目群育人体系

项目驱动生成(Project Driven Creation，简称 PDC)，指通过项目来驱动欲望和兴趣、实践和体验、思维和意识，最终生成经验与技能、素养与情感、态度与价值。PDC 是一种理念，强调的是育人观念的转变，通过项目驱动的方式达成育人目标，让孩子完成对生活和世界的价值建构，成为具有生存和生活能力的幸福少年。

我校基于"培养完整而真实的人"的育人目标，从真实生活和现实世界出发，打通学校、家庭、社会界限，围绕学生成长特点及认知规律，设计出体现学生六年完整成长周期的"六类六级"项目群。它重点聚焦"发现自我、回归生活、了解自然、探秘科学、解读人文、体验社会"六大类别，围绕1—6年级不同年级特点和目标要求，整合出与学生不同成长阶段息息相关的系列项目，每个年级和每个类别的项目环环相扣，呈螺旋式上升，共同组成一个涵盖不同年级段项目任务的项目集合。每一个项目既是独立的，又是关联的；既是个体，又是整体。六大类别也是环环相扣的，组成每个孩子的生命成长圈。

在此基础上，我校对教与学方式进行变革，设置"项目—驱动—生成"实施模式，研制"指南＋案例＋答疑"实操工具，强调跨学科整合、课上课下结合、家校社贯通，建立"全域·全员·全程"评价体系，从而真正打通家校社场域，通过项目驱动的方式，调动学生内驱力，强化参与体验感，培养创新实践能力。

深化：挖掘亮点彰显价值

道路崎岖，但因在不断践行中而步履坚定，因执着探索而走向深入。在PDC项目群育人体系的构建和实施过程中，我们及时发现问题，积极想方法解决问题，并不断梳理出PDC理念及项目群的亮点，这些亮点的挖掘让我们的行动更有意义，让我们的步伐更加坚定。

(1)理念创新：践行项目群育人的行动哲学。针对学科本位、学生创新实践能力不够、所学知识与生活链接不足等，我校提出"让教育走向完整而真实的世界"项目群育人理念，并探索出项目群育人路径，打破单一、散点做项目的模式，设计出学生六年完整周期成长的"六类六级"项目群，为新时代以素养为导向的综合育人和实践育人变革提供解决方案。

(2)体系创新：构建完整的项目群育人体系。我校以系统思维对项目群做出整体性构建，包括项目群育人理念、目标、"六类六级"项目群、"项目—驱动—生成"实施模型、"全域·全员·全程"评价体系、管理机制及推广应用，提供项目群育人整体化落实的实践样本。

（3）实践创新：探索育人方式变革的新路径。我校在育人方式、内容、场域上进行创新，打破学科壁垒，进行学科整合，家校社贯通，以真实生活为场景，通过项目群引导学生运用知识对接真实生活，培养综合运用知识解决实际问题的能力，为当下育人方式变革提供切实可行的发展路径。

（4）应用创新：建立完备的应用推广策略。我校形成"五有"推广内容，搭建"五个一"推广平台，建立"四级"推广方式，从成果物化、平台搭建、方式路径三方面实现学校成果经验的有效转化，将学校改革成果转化成具有应用价值的样本范式。

改变：生命因教育而精彩

我校的PDC项目群育人体系自推进以来，实现从1.0版本到2.0版本到3.0版本的升级，不断将PDC项目群育人体系推向纵深，也带给教师、学生、学校以新的改变，引领辐射更多学校。

第一，促进学生关键能力与必备品格的形成。93.16％的学生选择动手实践、自主探究、小组合作的学习方式，创新精神和实践能力、解决问题能力、合作及沟通能力等都有所提升。我校100多人次在全国青少年科技创新大赛、北京市中小学生金鹏科技论坛等活动中获奖；18位学生出版专著；学生自主发布并主持项目50余项。

第二，教师的育人观念和专业能力得到提升。项目的开展，不仅激活了教师的工作热情与创造力，还使其教学观念及人才观有了转变，形成专家教师引领成长、骨干教师实践创新、年轻教师自主发展的团队面貌。课堂教学方式、教学评价多元化，关注学生参与度、生成度与达成度。2017年至2021年，我校市区级骨干数量、教师专业技能竞赛获奖率逐年提高。学生、家长对教师的满意度由90％上升到98％。

第三，我校的育人和管理模式发生质的变化。我校成立项目群育人系统管理委员会，负责对育人体系进行管理、评价及改善，深化育人体系项目管理流程，确保体系运行的稳定性和可持续性。学校从一校一址发展到一校11址的集团化办学，推动优质教育资源区域内均衡发展。从2016年至今，学校累计获奖106次，其中国家级奖项12次，市级奖项27次，区级奖项67次。2017年学校被评为自主创新人才培养示范学校，2020年被评为北京市科研先进校、京城教育卓越学校，2021年被评为北斗科普基地校。

在我校的带动和引领下，PDC教育校联盟得以成立。我校向包括芬兰、加拿大等10个国家及全国25个省市500多所学校推广研究成果；组织召开三次国际论坛；组织教师国际化培训20余场；近万名教育部门领导、全国名校长、教师前来参观学习；建立全国首个跨校式项目学习中心，即PDC未来学校。我校还出版了《让教育走上完整的真实世界》《与孩子一起走向未来》等一系列研究成果。《人民日报》、《环球时报》、中央电视台、北京电视台、中国网、人民网等30多家主流媒体关于此项改革的报道有近200篇。顾明远、陶西平等专家对相关成果给予高度赞誉。该成果也荣获2021年北京市基础教育教学成果特等奖，2022年国家级教育教学成果一等奖。

"心中有信仰，脚下有力量。眼里有光芒，行动有方向。"十多年的执着探索，最终让我们收获美好。这个过程中支撑我们前行的力量正是"办好教育、办人民满意的教育、办高质量的教育"的理想和信念。我始终认为，一名好教师要真正从儿童出发，为孩子办教育；从使命出发，为国家办教育。只要心怀理想，坚定信念，每位教师都能取得人生路上的"真经"。

二、画像绘就，我眼中有理想信念的好老师

韩愈说："道之所存，师之所存也。"教师要完成"传道授业解惑"的使命，就要有崇高的理想信念，这是成为好老师、大先生的首要条件和根本前提。在 2020 年 9 月 9 日教师节到来之际，习近平总书记向全国广大教师和教育工作者致以节日祝贺和诚挚慰问时也曾指出：希望广大教师不忘立德树人初心，牢记为党育人、为国育才使命，积极探索新时代教育教学方法，不断提升教书育人本领，为培养德智体美劳全面发展的社会主义建设者和接班人做出新的更大贡献。立德树人的根本就是要坚定理想信念，因为理想信念是为人、为师的根本，坚定理想信念，保持思想和行动高度统一，才能成为党和国家忠诚的卫士，才能为党和国家培养出合格的建设者和可靠接班人。

一个有理想信念的好老师，是社会主义核心价值观的带头践行者和传

播者。人类社会发展的历史表明，对一个民族、一个国家来说，最持久、最深层的力量是全社会共同认可的核心价值观。培育和践行社会主义核心价值观，是实现中国梦的价值支撑。从事塑造灵魂、塑造生命、塑造人的工作的教师，理所当然是社会主义核心价值观的带头践行者。核心价值观植根于一个民族的历史文化传统土壤之中，道路自信、理论自信、制度自信的基础是文化自信。新时代的教师应该有文化自觉，了解、欣赏乃至热爱中华民族优秀传统文化。我们的教师要用自己的学识、阅历、经验激发学生对真善美的向往，培养对中华文化、中国精神、中国价值有归属感乃至有信仰的年轻一代。

一个有理想信念的好老师，要勇于担当，善于作为。陶行知先生说："捧着一颗心来，不带半根草去。"他把自己的理想信念和时代紧密联系，以一颗赤胆忠心，舍弃私利，映照出无私奉献、勇于担当的精神品格。他秉持着"人民贫，非教育莫与富之；人民愚，非教育莫与智之"的教育追求，毅然决然放弃在美国大学任教的优厚条件，创办了中国第一所乡村师范学校——南京晓庄师范，"为老百姓服务，我们吃草也干；为了苦孩，甘为骆驼"。陶行知先生矢志不渝地为中国平民教育奔走，在波折与坎坷中救中华。甘为生民立命、为万世开太平，一颗心始终为了祖国、人民和教育，这就是教师远大理想在现实中的真实写照。

一个有理想信念的好老师，要乐教善施，奉献于教育。欧阳修说："得其大者可以兼其小。"教师要把高尚理想、崇高信念融入国家和民族的事业中，把教书育人当作自己的伟大使命，只有这样我们的教育才会灿烂发展，我们的学生才有希望。教师自觉选择为国家发展、民族复兴培养更多更好的人才，并以此为人生乐趣，那么他的人生就有了永恒价值，他所从事的这一职业就获得了伟大意义。教师把乐教善施同波澜壮阔的社会进步联系在一起，把塑造社会主义建设者和接班人作为个人理想，坚定信念，奉献教育，就将无往而不胜。

一个有理想信念的好老师，要塑造灵魂，筑梦未来。"自信人生二百年，会当水击三千里。"要实现中华民族伟大复兴的中国梦，要求教师筑梦未来，不断塑造灵魂和生命，做中国特色社会主义共同理想和中华民族伟大复兴中国梦的积极传播者，为莘莘学子把好人生"总开关"，扣好人生第一颗"扣子"，帮助学生筑梦、追梦、圆梦，让一代又一代年轻人都成为实现民族梦想的力量，成为对中华文化、中国精神、中国价值有坚定信仰的年轻一代。

在我看来，我校的陈凤琴书记正是这样一位专注于塑造灵魂、筑梦未来、有理想信念的好老师。她多年来扎根教育事业，相信自己和每一个儿童都是独一无二的种子，只要有合适的土壤、阳光和雨露，就会展现生命的奇迹，都是珍贵的存在。

陈凤琴：

扎根教育事业 为了每一粒种子的生长

每一粒种子都有自己的使命——生长，它们带着对生命的信仰，不惧怕任何困难，用坚韧的品格浇灌着心中的理想。无论播下的是什么种子，都会带来惊喜。我相信我和每一个儿童都是独一无二的种子，只要提供合适的土壤、阳光和雨露，就会展现生命的奇迹，都是珍贵的存在。

做一名小学教师，是我一生不悔的选择。我于1992年参加工作，在朝阳区这片沃土默默耕耘30多年。我常常感念担任班主任工作16年的经历，为我的教育人生打下底色。作为小学班主任老师，我保护儿童与生俱来的灵性，顺应儿童的发展规律，激发儿童的潜能，促使儿童朝着正确的方向发展，使每个儿童拥有生命中最好的样子。在我心中，每个儿童就像一粒种子，应该激发种子生长的内驱力，无论最后是长成参天大树，还是路边的小草，我都希望他们实现自己的生命价值，掌握选择的权利。

24年扎根在一所学校、扎根在教育教学一线摸爬滚打，我始终践行顾明远先生提出的教育原则：没有爱就没有教育，没有兴趣就没有学习，教书育人在细微处，学生成长在活动中。在这个过程中，我孕育了无数的种子，见证了他们的生根、发芽、成长、成熟的过程。我也从一名年轻教师成长为市、区级骨干教师，学科带头人。"向下扎根，向上生长，向内激励，向外引导"是我的成长路径。

2016年，我做了校长。一次外出培训，我向一位老领导请教在管理中遇到的问题，老领导意味深长地问我：你认为什么是教育？我顿时语塞，作为一校之长，努力改变学校办学环境，团结教师队伍，做教师的鼓舞者和引路人，尊重他们的个性和主体性，在与教师的共同生活中唤醒他们的生命自觉，建立共同的奋斗目标，一起推动学校的发展，也不断地向马芯兰校长、李希贵校长、于漪校长等校长学习，我一直在"术"上求索如何成为一名好校长，却从来没有真正思考过这个问题。但从那一刻开始，我开始思考什么是教育的本真，在"道"上下功夫。立本生道，务本求实，尊重规律，遵循四个回归：回归学生，让学生成绩体现素质；回归教师，让教师在专业能力和学科建设能力的提升中实现自身的生命价值；回归学校，让学校在不断发展中更加有内涵、有文化；回归教育，让教育在喧嚣中回归本质，不急功近利。

2019 年，我来到呼家楼中心小学做专职书记，与第五届"明远教育奖"获得者、全国劳模、特级教师、特级校长马骏校长合作。从农村校来到城市校，校区变多，班级变多，师生变多。我的人生坐标变了，视野变了，我的胸怀和格局也跟着变大了。感谢在我人生中给予帮助的领导、老师、同事，是他们的关注和点拨，让我更清楚地认识到教育是什么，教育为什么，教育面临的是什么，教育怎么做，通过教育给予学生什么。也是从这里开始，我对"教书育人"这四个字的分量和深刻含义有了更加深刻的理解。一个学校最宝贵的资源是教师，学校的品牌是由一位位好教师的口碑铸就的。

"何为教育?"教育的价值就是唤醒、点亮种子的灵魂，让每一粒种子都能成长为生命中最好的样子。教育没有最高境界，只有永无止境地探索与追求。尊重生命、敬畏生命、创造生命，实现每一个生命价值的最大化，这是教育人的使命。

三、且思且行，教师如何补足精神之"钙"

正如要成为一名优秀的大提琴家，要先成为优秀的人，然后成为一名优秀的音乐人，最后成为一名优秀的大提琴家一样，要想成为一名有理想有信念的好教师，就要先为一名品德学识兼优的人，然后成为一名优秀的、学生喜欢的教师，最后成为一名热爱教育事业、乐于教书育人的教育行家。① 在我看来，要补足精神之"钙"，教师要努力做到以下五点。

1. 保持积极心态，做最好的自己。热爱教师这一职业，是因为崇尚教书育人的神圣，有为国家培养人才的自豪，有桃李满天下的成就感，有别人享受不到的幸福和快乐。"学高为师，德高为范"是对教师的本质要求，"捧着一颗心来，不带半根草去"是教师品质的体现，"一支粉笔两袖清风，三尺讲台四季晴雨"是教师生活的真实写照。教书育人工作是伟大而神圣的，其蕴含于平凡的工作和教书育人的点滴之中。

2. 爱岗敬业，做一名笃行的教师。爱岗，就是珍惜和尊重自己的选择，表现为对教育事业全身心地投入和追求。敬业，意味着对学生成长存有强烈的使命感和责任心，表现为对教育教学工作的认真负责和一丝不苟。只有爱岗才能敬业，才能无私奉献于教育事业。有了奉献精神，就会自觉抵制名利场的各种诱惑，就能摆脱追名逐利的浮躁心理。爱岗敬业不仅体现了"爱岗、敬业、求实、奋进"的教风，而且体现了"乐学、善思、

---

① 蒲琳秀：《做一名有理想有信念的好教师》，载《青海教育》，2019(11-12)。

探索、求真"的学风。教师只有用心去教，学生才能用心去学。教师只有站在较高的起点上，才会看到学生的未来发展，才能不断更新知识、优化教学，进而引领学生的成长，这是教师品德学识及人格魅力使然。

3. 欣赏学生，做一名蹲下来平视学生的教师。要做好教育教学工作，并收到实效，教师就要学会欣赏学生。每位学生身上都存在着不可估量的潜在能力，都有自己的优点和长处，只要我们多留一份心，用欣赏的眼光去看待他们，一定会发现亮点。发现了学生的亮点，就要及时鼓励，将亮点适当放大，学生体验到成功的喜悦，会更加乐于学习，师生关系会越来越和谐。

美术课上，有位学生的画作虽线条凌乱、横竖无序、难明主题，但细看之下可以发现，他把彩色笔盒里的 24 种颜色全用上了。于是教师向全班学生展示这幅画作："这是全班使用颜色最多的一幅画。我们为他鼓掌。"此情此景令这位学生激动不已："我会用心画出更美的色彩。"

欣赏学生，一要做到面向全体学生，包括优秀生、特长生，也包括后进生，应赋予他们向上的信心及成长的力量；二要宽容学生的过错，在学生犯错时循循善诱、因材施教、以理服人，帮助学生认识、改正错误；三要努力发现学生所长，扬其长处促其改变，求得进步。

4. 终身学习，做一名合格的教育工作者。终身学习，必须与时俱进，善于学习。所谓"要给学生一杯水，教师要有一桶水，甚至是长流水"。要有长流水，必然要常学常新。教师要对新的科学知识，尤其是本学科最新成果保持高度的敏感度，及时整合并不断扩充原有的知识结构。同时，应熟练运用现代教育技术手段，勤学敏思，善于交流，掌握科学有效的学习方法。终身学习，应注重研究反思，把握教育规律和学生身心发展规律，指导自己的教育教学工作，并注入新的活力。教师还必须用自己的良好行为和态度感染学生，坚持"授之以渔"的教育理念，指导学生掌握正确的学习方法，提高学生的自主学习能力，为终身学习打下坚实基础。

5. 教研提高，做一名善于团结协作的教师。要开展好教育教学工作，需要全体教师投入精力、团结协作。这需要我们提高自身素质，以集体荣誉为重，将个人利益放在集体利益之后，增强团队合作精神及协作意识，把主要精力放在教育教学和教研工作上，在教研工作中交流互助。学生是教师之间沟通与协作的纽带，教师之间要经常就学生的课堂表现及学习状况进行分享和沟通，从不同的方面了解学生，因材施教，共同努力开展好教育教学工作，不断提高教育教学水平，提升教育教学质量。

理想信念是人生的指路明灯，亦是教师教书育人、谋求专业发展的精神之"钙"。教师只有树立远大理想、坚定崇高信念，才有可能为社会、为民族培养出栋梁之材。我们希望每个从我校走出去的教师都是有理想、有追求的好教师，都能以"传道"为第一责任和使命，为孩子点燃更灿烂的梦想，为国家和民族贡献更多正能量！

2

坚定信念，自觉提升党性修养

在学习贯彻习近平新时代中国特色社会主义思想主题教育工作会议上，习近平总书记对主题教育各项工作做出全面部署，对开展主题教育的总要求做出深刻阐释，其中一个方面就是"强党性"。党性是党员干部立身、立业、立德的基石，是永葆党的先进性和纯洁性的关键。党员是中华民族的先进分子，党员教师更是决胜全面建成小康社会、建设社会主义现代化强国的重要力量，是落实立德树人根本任务、培养德智体美劳全面发展的社会主义建设者和接班人的关键。

教师职业追寻的过程需要加强党性修养。作为一线党员教师，我们始终要保持对教育事业的热情，干一行爱一行；作为学生的引路人，我们理当树立正确的学生观，爱生如爱子；作为教育强国的"排头兵"，我们时刻要坚守党性，提升自身素养，做品德高尚的优秀教师，实现幸福人生。

一、敢于自查，深度剖析教师党性修养问题

习近平总书记反复强调，理想信念动摇是最危险的动摇，理想信念滑坡是最危险的滑坡。"理想信念就是共产党人精神上的'钙'，没有理想信念，理想信念不坚定，精神上就会'缺钙'，就会得'软骨病'，就必然导致政治上变质、经济上贪婪、道德上堕落、生活上腐化。"提高教师党性素质，首要的任务就是坚定理想信念，解决好世界观、人生观、价值观这个"总开关"问题。基于此，我们对学校教师的党性修养状况展开深入的自查与剖析，发现现阶段党员教师队伍中主要存在着以下几个不容忽视的问题。

1. 党性素养锤炼不够。一是理论学习主动性和积极性都有待加强，一些教师满足于完成机械的党内任务，对理论学习的深化和研究韧劲不足，浅尝辄止，与"学懂弄通做实"存在差距。二是党内生活不够严格，没有充分用好"三会一课"这个平台，参加"三会一课"存在"走过场"现象；没有运用好批评与自我批评这个手段，在党组织生活中，批评与自我批评不经常、不严格。

2. 党史学习自觉性不强。一是对党史理论学习的主动性不够，一些教师在学习党史的过程中，自觉、常态、主动的习惯还没有形成，党史学习按部就班、依规推进，集体组织学习多，个人自学少。二是对党史理论学习的深度和广度不够，一些教师在思想深处或多或少存在"差不多""比上

不足比下有余"的心态，系统学习深入思考少，深层次的积淀少。三是党史理论学习转化不够，一些教师存在学习与联系实际两张皮的现象，用理论联系实际、改造头脑不够，特别是在形成科学的思维方式，将党史理论知识内化为政治判断力、领悟力和执行力方面还有很大的进步空间。

3. 党员先锋模范作用发挥不足。一些教师党员先锋模范作用发挥不够充分，对照党史学习教育——"我为群众办实事"的要求，仍有较大差距和不足，尤其在"吃苦在前，享受在后"方面，模范带头作用没有真正发挥出来。一是振奋精神干事业的劲头有所减弱，有不求有功但求无过的思想，容易带来思想和工作状态上的滑坡。二是争先创优的意识不强，担当动力不足，对棘手敏感问题有畏难情绪，对不是自己分内的事，存在多一事不如少一事的思想。

党员教师这个称呼意味着双重的身份，也意味着双重的责任。我们不光要有敢于自查、勇于自省的精神，更要有解决问题、攻坚克难的行动与毅力，时刻用一名党员的标准来鞭策自己，认认真真地学，踏踏实实地干，一步一个脚印地前进，做一个合格的党员，做人民满意的好教师！

新时期，学校教育工作者需深刻认识教育对强国建设、民族复兴伟业的重大作用，增强自己的使命感和责任感，奋勇担当有作为，把服务高质量发展作为建设教育强国的重要任务。而教师作为学校教育工作的主力军，则要更加坚定自觉地用习近平新时代中国特色社会主义思想武装头脑、指导实践、推动工作，坚持学思践悟、守正创新，将思想伟力转化为实践伟力，助力教育强国建设，办好人民满意的教育。

二、向光而行，致敬身边的红烛先锋

作为奋斗在教育战线上的党员教师，在教育教学工作中，如何不断提升自身的党性修养，体现中国共产党的先进性，是每一名党员教师必须深刻思考的问题，也是时代布置给每一名党员教师的崭新课题。

在我们的身边，涌现出了以秦翠华、邓婕老师为代表的一群优秀的共产党员，她们认真落实立德树人根本任务，牢记为党育人、为国育才的初心使命，树立"躬耕教坛、强国有我"的志向抱负，坚守三尺讲台，潜心教书育人，在不同岗位做出了各自的突出贡献。她们的事迹集中反映了新时代教师队伍有理想信念、有道德情操、有扎实学识、有仁爱之心的良好精神风貌，是值得我们学习、礼赞的榜样。

秦翠华：

做心怀"国之大者"的思政课教师

我出生于北京市平谷区，中共党员，汉族，大学本科毕业，正高级教师，北京市朝阳区呼家楼中心小学道德与法治学科教师；先后获评北京市优秀教师、北京市师德先进个人、朝阳区教育劳动奖章；被人民教育出版社授予"优秀培训专家"称号，连续三次被评为北京市道德与法治学科骨干教师，现任北京市道德与法治学科带头人；连续多年被聘为朝阳区教师资格认定能力测试评议组专家、朝阳区职称评审专家、朝阳区优秀片组长、朝阳区兼职教研员；由我牵头的教学工作室获评首批北京市学校思想政治理论课"青年教学名师工作室"，所在学校获评"中小学思想政治理论课示范基地"；作为核心成员提交的教学成果荣获北京市基础教育教学成果特等奖，指导学生获市区级奖项 32 个；主持多个市级研究课题，多篇论文获国家级一等奖。

(1)以身作则严格要求，勇做价值领路人。

思政课是铸魂育人的关键课程，日常工作中，我按照习近平总书记"四有"好老师的标准要求自己，无论是在日常课堂教学工作、集团学科教研中，还是片组教研工作中，都能以身作则，率先垂范，思想上讲政治、讲规矩，工作中讲奉献、勇担当，从不计较个人得失。10 年扎根农村教学，工作调动后坚持 17 年在农村学校支教，先后与多名农村学科青年教师结为师徒，带出了 2 名区级学科带头人、5 名区级骨干教师、3 名区级优秀青年教师，自己也多次捧回了全国、北京市课堂教学评优课一等奖、教学设计一等奖的证书，站在了学科教学基本功大赛的领奖台上。作为 2019 年教育部邀请的唯一一位小学一线教师，我为全国道德与法治学科教师做教材解读与教法实践专题培训，此后更是多次受邀为教育部骨干教师国培项目录制专题讲座。为了提高课堂教学实效，培养学生的关键能力，也自费"混"进培训班，学习思维导图工具的使用，并将其带进了孩子们的学习天地。

10 余年间，在我的带动下，从一个学科到整所学校，利用思维工具真正自主学习的潮流正在悄然兴起。我针对学科和学生发展的特点,带领学生们走进中国党史馆、中国国家博物馆等,开展"没有共产党就没有新中国"的项目学习,增强学生作为中国人的志气、骨气、底气;指导学生持续一个月早、晚分时段观察、记录京广中心地区峰值时段交通动态,和学生们一起透过真实数据、典型案例开展"交通发展带来的思考";带领一群十一二岁的小学生,学经典讲古今,连续15年开设5251期"小小百家讲坛",小学生虽童稚未脱,但神、韵、文、情绝不亚于任何一场大师级的讲坛,"小小百家讲坛"早已讲出了校门,讲到了电视台,成为家喻户晓的学生品牌;带领学生们创编属于自己的课程,编教材、写讲稿、上讲台……孩子们真正成为学习的主人;带领学生们创办属于自己的"金融社团""时事社团"等,开展创新性学习并多次参加全国、市、区级比赛,多人获奖。

(2)敏察领航,敢做课改引路人。

作为一名道德与法治市级学科带头人,我善于将教育的热点、难点转化为研究的切入点、创新点,发挥课题研究的引领作用。在22年的思政教学中,我醉心于教学研究,反复实验、推敲,提出了"基于问题式学习的小学道德与法治课堂教学模式"和"一个核心、三个策略、一个坚持"的"131"理念,并坚持在自己的课堂教学中不断实践、修正,出版了个人著作《启思之旅 智慧课堂》。

2017年统编教材推进工作之初,大家存在观望态度与畏难情绪,作为一名骨干教师,我主动请缨选择法治专册进行试教,一个学期自学了12门精品线上课程,完成了9本试教笔记。作为一名兼职教研员,我和区教研员一起迅速成立项目组，带领朝阳团队围绕小学法治专册教材《道德与法治》(六年级上册)，边试教边研究、总结搭建资源库，2019 年在全国教材培训会上率先推出朝阳研究案例和典型经验，同年 9 月在全国教材培训会上做专题培训分享，此后更是多次为重庆、四川、湖南等地做《道德与法治》学科教材解读和使用的省级培训，并被人民教育出版社授予"优秀培训专家"称号。我还参加了统编版小学道德与法治学科一年级教师教学用书和五年级教师用书案例设计部分的编写工作。2020 年 9 月我再次受邀参加《习近平新时代中国特色社会主义思想学生读本》的审读工作，并主动申请进行试教探索，2021 年 1 月为全国教师录制"读本解读""专家说课"培训视频，9 月受邀录制全国"示范课例"。《义务教育道德与法治课程标准》颁布后，我又主动带领区级研究团队，围绕素养培育进行研究，并申报立项朝阳区"十四五"教师继续教育培训课程，带动更多的老师研读新课标①，精准服务学生学习和成长。

(3)任务驱动，甘做教师发展铺路人。

作为朝阳区道德与法治学科兼职教研员，为了提高集团和片组的凝聚力，我在"研"字上下功夫，付出热情和努力做教师发展的铺路人，为呼家楼教育集团思政学科发展和朝阳区道德与法治学科教师队伍均衡发展贡献自己的力量。我采用任务驱动方式，以资源建设为抓手，一方面将自己参与北京市空中课堂课程录制的经验课程化，另一方面指导青年教师将教研

---

① 2022 年，教育部颁布了《义务教育课程方案(2022 年版)》及 16 门义务教育各领域课程标准(2022 年版)。对这 16 门课程标准，统称"新课标"。

主题课程化，为他们的提升提供丰富、多样的资源。我受聘为京教杯青年教师基本功大赛选手的学科实践导师，先后与呼家楼中心小学王子韬等10余名青年教师结成师徒，通过指导备课与课堂教学、跨校课题研究等多种方式帮助他们成长。疫情期间，指导开发区级资源课26节，审核59节。在最近一届骨干教师评选当中，呼家楼片区一共有5位教师被评为区级以上骨干教师，占专职教师总数的二分之一。学校也被评为首批北京市中小学思政课示范基地。

有耕耘就会有收获，在北京市朝阳区呼家楼中心小学这片教育沃土上，我在成为一名智慧型、研究型、改革型、带头型的好老师的教育征途上不断行进着。未来，我将持续带领着学生们在学习中成长，在快乐中收获，培养一代又一代社会主义建设者和接班人，也一定能够带动更多的"秦"老师，勤于工、诚于心、精于业、笃于行，成就思政课教学更加灿烂的明天，努力成为一名新时代的"大先生"。

邓婕：

坚定理想信念，做"四有"好老师

作为教师，我一直认为教育不是把一只桶装满，而是点燃一堆篝火。我们面对的不是一个孩子而是无数肩负祖国希望的小树苗们。作为班主任老师，我始终认为首先要培养学生的德行，教学生学会做人，成为有德行的人，其次才是教学生学广博而实用的知识。班主任在日常的班级生活中扮演着实施德育、管理和引领、促进学生全面健康发展的角色。在接班之初，我便根据教育理念和班级学情制定了适合班里孩子发展的育人目标。

(1)讲文明，懂礼貌：落实在生活中的各个方面，需要老师以身作则，关注孩子的文明礼仪。发现问题及时纠正，时时提醒。

(2)掌握生活技能：孩子现在是学校中的学生，将来会成长为社会中独立生活的人，掌握一定的生活技能十分重要。我鼓励孩子积极动手，主动解决自己生活中出现的问题，并及时表扬。

(3)拥有健康身心：学生身心健康是家长最关注和关心的方面，实时关注学生的情绪和身体状况，多与家长沟通，让家长安心。

(4)拥有乐观心态：挖掘生活中和学习中真善美的方面，让孩子的生活充满乐观积极的内容。

在制定带班策略时，我始终把学生的全面发展放在首要考虑的位置，时刻以"四有"好老师的标准来对标班级活动方案制定，在不断的摸索尝试和调整中打造了适合本班学生发展的育人策略。

第一天和孩子们相遇，班会课上我们一起精心敲定了班规和班训，以建立规则意识。班规、班训和班级公约是帮助学生规范自己在校行为习惯的必备要素。对于四年级的孩子来说，培养良好的习惯仍然是教学重点，班规涉及听讲、卫生、作业、纪律等各方面，从点滴小事规范行为，培养孩子的好习惯。我们的班训为：要想做成大事，先做好小事。

在带班的过程中我每天关注着班级的情况，发现中午班级卫生状况较差，于是打算在班里开展劳动教育活动。劳动教育对学生发展具有独特意义，既能让他们感受到劳动在人生中的价值，明白劳动是人的本质活动、劳动创造一切的道理，培育其对劳动者的尊重，又能让孩子们在劳动中愉悦身心、强健体魄、增强意志力。关于教室的卫生，我和孩子们约定好每日进行"我的一平方米"的活动，中午吃完饭后，用自己带的纸巾把餐盒擦干净，也把脚下一平方米的地方收拾干净。以小组为单位，组内最先整理干净的同学为检查员，负责检查组内其他同学的卫生。最后，再由值日生打扫过道和讲台，这样班级卫生工作做到了省时、高效。这个过程使孩子们体会到了倒垃圾和垃圾分类的不易，不再乱丢垃圾。值日生则像小卫士一样坚守自己的劳动成果，提醒其他小朋友注意保持卫生、体谅保洁阿姨清理楼道的辛劳。我想，劳动教育的意义达成了。

阅读对儿童影响是潜移默化和长远的。我在班里开展了多种形式的阅读活动。首先，请孩子们根据自己的喜好，选读图书，地理天文、神话传说、生物科普、名人传记，等等，都可以。其次，请孩子们用自己喜欢的方式介绍所选图书，例如，制作一个读书推荐卡，写上题目、作者、好词佳句、读后感……再次，在班级开展读书交流分享活动，请同学们到台上讲讲自己最喜欢的书目，分享阅读感受。最后，在班级里进行图书"漂流"活动，同学们互相交换图书来读，培养好的读书习惯。

作为班主任，孩子的身心健康是我首要关注的内容。在和孩子们相处的过程中，我发现班里很多孩子不太敢表达，缺少自信，于是我在班里开辟了"夸夸墙"，每周班会时固定发放"夸夸条"，集齐 7 个颜色的"夸夸条"就可以换一张"美好证书"。夸夸自己，让别人知道自己身上的闪光点，让自己更加勇敢、自信；夸夸别人，发现别人身上的优点，向他人学习，这样学生眼中经常会看到美好，学校生活就总是开心幸福的、值得期待的。这之后我发现班里告状的情况变少了，同学之间更加团结亲近了，班级凝聚力也提升了。在我们的班级窗台上还有"坏心情垃圾桶"和"好心情分享桶"，这些可爱的小东西让我的班级管理变得温暖有趣。班级的小朋友可以投稿，我也会抽时间一一回复，哪怕是简短的一句话孩子们也会期待一整天。我愿意回复每个孩子，更希望他们不把心事藏在心里，而是乐于表达、沟通，这是我作为班主任老师最希望看到的。

我的教育生涯还很长，我会始终坚定理想信念，自觉提升党性，把教书育人当作终身的使命。

种得桃李满天下，心中有梦育芳华。衷心地希望我校的每位教师都能以我们身边涌现的优秀红烛先锋为榜样，守住初心，用热爱和坚守诠释教师职业的内涵，用行动践行对教育事业的庄严承诺，在平凡中追求成功与快乐，继续让师爱与教育同行！

三、加强党性锻炼，提高教师党性修养

党的十八大以来，习主席高度重视党性修养问题，强调"党性教育是

共产党人修身养性的必修课，也是共产党人的'心学'"。① 教师承担着"培养什么人、怎样培养人、为谁培养人"的历史重任，党性问题对党员教师显得尤为重要，必须通过接受党性教育，加强党性锻炼，提高党性修养。多年来，我校坚持党的领导，明确办学方向，发挥党员教师的示范作用，促进学校的可持续、高质量发展。对于如何提升教师的党性修养，我校的张怡老师和马怡潇老师梳理多年来积累的教育教学中的经验，分享了她们的教育故事，以期与教育同路人共勉。

张怡：
增进师生关系的核心是尊重学生

党员教师作为学生的引路人和榜样，需要时刻自我反思、自我教育。

下午的铃声刚落，数学课代表就跟大家说：有三个同学昨天的数学作业需要补齐。其中就有小布，因为他刚刚转学到我们班，所以我对他格外关注。我对数学课代表说："你告诉他需要补的是哪里。"小布马上说："我一会儿自己问数学王老师去。""王老师今天事多，没在办公室，让课代表告诉你。"正说着，数学课代表已经走到了小布身边准备拿小布的数学作业。"老师，我不需要他告诉我，我会自己问老师。"小布说。此时，我有

---

① 孙岩、陈中奎：《深刻理解习主席关于党性修养的重要论述》，载《政工学刊》，2024（01）。

点不高兴了："刚才说了，王老师忙，没时间，你就让课代表告诉你不是一样吗？"话音未落，只见小布和数学课代表都抓着作业本不放。"让同学帮助你怎么你还不乐意了呢？！课代表，不用管他了！"我的音量越来越大，引来了其他同学的目光。"老师，我不需要。"此时的小布也不抬头，嘴里反复嘟囔着这一句话。

下班路上，我反复回想着这件事，是不是我做错了？是不是小布因为错题多，不想让其他同学看见？到家以后，我给小布发去了信息："小布，今天我让课代表告诉你作业哪里没有完成，你是不是怕同学笑话你，不想让同学看见你的作业？"很快，小布就回复了："不是，就是我突然想起来了我哪里没写，不需要帮助，有点被当成一个一年级小孩的感觉……""原来是这样，你愿不愿意明天班会的时候，和我在班里一起'复盘'这件事？我最近在学习非暴力沟通，我觉得这件事还是很有代表性的。""有点不太好意思，但是我愿意尝试。"就这样，我两在班会的"一人一故事"小剧场把这件事讲述出来。把自己内心的想法说出以后，我两相视而笑。

在学生自愿的前提下，引导学生说出内心想法，并给予最大的理解。如果没有这次的"复盘"，我想以后很可能还会有类似的事情发生，无益于和谐师生关系的建立。

反思整件事，如果能耐心倾听学生的表达，更尊重、包容他们的选择和决定，学生对老师也会更加认同和信任，和谐的师生关系才能建立，教师才能更好地服务于学生的成长和发展，推动学校教育教学工作的开展。

马怡潇:

解码孩子"迷惑行为",读懂孩子心理需求

今年是我成为英语教师的第四个年头,也是我任教三年级的第一个年头。作为一名党员教师,我在教书育人的实践道路上,切身体会到提升党性修养的重要性,不只要在专业知识和教育技能方面加强,更要在道德品质、言行举止和个人修养方面不懈提高。发挥党员的先锋模范作用,关注学生的全面发展,了解学生的心理需求,帮助他们建立自信,培养他们积极面对困难和挑战的心理素质,也在党性修养方面为学生们树立良好的榜样,是我始终坚守的方向。做一个学生喜爱、温柔又严格、幽默风趣、能和学生成为好朋友的老师,是我一直追求的目标。

执教这些年,我发现孩子们总有很多令人啼笑皆非的行为,把人搞得一头雾水,时而气死人,时而笑死人。在感到好气和好笑的同时,我深知,只有探究和解码孩子们的行为,才能了解怎么更好地和他们相处。例如,已经强调过班级和课堂纪律,他们还是会起立走上前来,大声地对老师说出自己的问题。为什么?因为他们的自制力还不够强,当他们看到自己感兴趣的课堂内容,或者突然想要做什么,就会忘记规则、忽略后果。再如,有的孩子总是吃脏东西,捡桌面上的碎渣放进嘴里、咬自己的指甲。为什么?除了好奇心的驱使之外,精神状态不稳定,紧张、焦虑、自卑,都可能导致异食癖。那么,在众多令人费解的行为中,哪件令人印象深刻?我又是如何一步步解读学生行为,读懂学生心理需求,并及时给予

其帮助的呢？

（1）了解不同阶段的学生特点。

三年级是学生成长的重要转折点，知识量、知识难度的增加，会让学生在这一年面临不小的挑战。同时，三年级学生的抗压能力和情绪管理能力仍然十分有限，可能会因为一些小事情大发脾气，也可能会因为小的挫折而感到沮丧和迷茫。

（2）拥有发现的眼睛。

新学期第一天的课堂上，我注意到坐在教室右侧第三个座位的女孩儿无精打采地靠着墙，侧趴在桌子上。当我提醒全班同学坐正后，她微微坐直身子，但课程开始没多久，又伏在桌面上。"是不是昨天睡得太晚了？昨天回家都做了些什么呢？"她支支吾吾地说睡眠正常。"那么是老师课堂上的英文问题你听不懂吗？""大部分听得懂……"她较为明确地表示。渐渐地，我发现这个孩子在日常考试中也经常睡着，甚至在课间十分钟，其他孩子都特别兴奋、活跃的时候，她还在睡着。于是我默默积累着一些对她的观察，打算寻找一次合适的机会跟家长聊一聊。

（3）主动寻求各方观点，增加判断的客观性。

一次英语测试，这个孩子只考了 8 分（满分 30 分），我给孩子爸爸发了一条信息："Coco 爸爸您好，孩子今天做题时又睡着了，最近放学后她的活动安排很多吗？睡得好不好？""睡得还行吧。九点多睡的。"爸爸答道。紧接着，他又补充道："我知道做卷子的时候为什么睡着，因为总是看不懂，搁我也得睡着。"于是我明白了，孩子这样低能量的状态不完全是因为缺少睡眠，更多的是因为能力不足、压力过大导致的自我心理防御和逃避机制的启动，每每面对类似的情况，她便会自动开启一种应对状态。

(4)家校配合，持续反馈，让孩子获得安全感。

之后，偶尔放学时能碰到爸爸接孩子，我会主动上前聊上两句，反馈一下最近的情况。在这个过程中，我得知孩子的爸爸妈妈已经分开了，很小的时候大人无休无止的争吵和相互指责，让孩子在面对自己无法应对的场面时，习惯性地蜷缩起来，开启她的休眠模式，仿佛乌龟回到自己的小壳之中自我保护起来。她怯懦、迷糊、做事拖拉、观点表达不清晰的状态都让我觉得这是一个缺乏安全感的孩子。在这样的认识之下，我对她有了更多的耐心，也给予了她更多的指导和帮助，跟家长之间的信任也逐渐建立起来，奔着同样为孩子好的目标和方向，日常的沟通也变得简洁、明了，相互配合度比较高。意外的是，爸爸竟然开始找自身的问题了，偶尔也会跟老师吐槽，发发牢骚。要知道，最初爸爸曾明确表态："我一般不管学习，让她姐姐帮她就行了。"但后来，孩子告诉我，现在都是爸爸辅导她英语，就连期末口语复习也是父女一对一地进行问答，并录制了下来。

这之后的两个月孩子身上的变化是明显的和可喜的。那个无精打采地趴在桌子上的女孩儿变得爱笑了，学习的积极性也明显高了起来。良好的师生关系、家校关系及父女关系，让孩子获得了更多前进的勇气和动力。

叛逆背后的心理动机是无助，叛逆本身也是无助的表现。孩子每一个行为的背后都有其内在的心理需求，作为党员教师，我们应该坚定信念、提升党性修养，拥有发现的眼睛，在教育心理学领域不断地探索和学习，

带着耐心和爱心，主动解码，去找寻孩子隐藏的诉求，与他们一起成长。

　　加强党性修养不能靠抽象空洞的理论，而要付出实实在在的行动；不能靠高谈阔论，而要勤勤恳恳地工作。良好的党性修养，是引领教师成长的星火，是一支内化于心的不灭航标。我坚信，在我校党组织的带领下，每一位党员教师都能把对教育事业的热爱融入日复一日、年复一年的平凡工作中，做到品质优秀、能力高强、行为世范，为我们的党旗增光添彩！

3

胸怀理想，追求有价值的人生

作家罗曼·罗兰曾说过："理想与热情，是你航行的灵魂的舵和帆。"
理想是指路明灯，一个人没有理想，就没有坚定的人生方向。同样的，每
个教师都应该有教育理想，教育理想直接影响着教师的职业信念。有了崇
高的理想，教师的职业劳动就具备了不同于一般职业劳动的特殊性，是实
现社会价值和主体价值的永恒追求。

一、与时偕行，做新时代的教师

伴随着教师职业的出现，必然产生一定的教师职业理想。教师的职业
理想是在对教育的历史使命、教育事业的伟大意义有着深刻理解的基础
上，产生的关于教育事业的志向、抱负和追求，是理想的一种具体内容和

形式。具体而言，它指的是教师对自己职业的选择和向往，也指教师在职业活动中追求的事业成就或奋斗目标。从对教师职业理想的基本定义出发，我们有必要把握新时期教师树立崇高职业理想的现实意义。

1. 正确理解教育是教师树立职业理想的前提。教育技巧的全部奥秘就在于如何爱护学生，教师只有对如何去爱学生这一问题有了深刻的理解和认识，才能理解教育事业、教师职业的伟大和神圣。在此基础上，教师才能以饱满的工作热情、强烈的工作责任心和荣誉感，积极地投身到教育事业中去。没有对教育事业的正确理解就不可能产生对教育事业的热爱，就不可能干好教育事业。从这个意义上说，教师的职业理想也是教师干好本职工作的内在动力。有了职业理想，教师才能以崇高的职业道德、乐观的人生态度和高度的社会责任感去从事自己的事业，才能够在工作中兢兢业业、勤奋工作，努力探索，否则，就失去了从事教育事业的根本动力。

2. 正确认识教育规律是教师实现职业理想的保证。无论什么职业，对从事该职业的人都有基本的能力要求。对于教师而言，是否熟悉教学的基本流程与任务，对教育教学的规律能否正确把握，不仅关系到教师的工作效率和职业发展，也关系到学生的切身利益和终身发展。正如徐特立先生所言，文化落后的损失不仅限于现在的成年人和青年，而且贻害及将来的社会。我们深信教师必须学而不厌，才能海人不倦，只有正确认识教育规律的教师才能在正确的职业道路上行稳致远。

3. 崇高的职业理想是教师自我发展的不竭动力。崇高的职业理想使教师在创造教育社会价值的同时体验自身价值。在有理想教师的心目中，"最好"是一时的标志，"更好"是永恒的追求。教师在职业实践过程中用高尚的职业理想要求自己，不仅有助于把职业规范的责任、职业道德的责任完全内化，把教书育人当作是满足自己内在需要的价值选择，也让教师在高尚职业理想的鞭策下不断突破自己，实现自身的可持续、高质量发展。

二、不忘初心，做学生喜欢的教师

习近平总书记指出："老师应该有言为士则、行为世范的自觉，不断提高自身道德修养，以模范行为影响和带动学生，做学生为学、为事、为人的大先生，成为被社会尊重的楷模，成为世人效法的榜样。"教育和其他职业有很多相同的地方，也有很多不同的地方。教育的复杂性与丰富性，是其他事业所不具备的，它要求教师有更高的灵性与悟性。

在我校李少英老师看来，职业理想很简单，无外乎就是做一名学生喜欢的美术教师，想要实现教师的职业理想又很困难，只能在日复一日的专业素养提升中进行，在关爱学生、鼓励学生的过程中完成。

李少英：
做学生喜欢的美术教师

还记得刚到学校面试的时候，校长听完课给我提了一个建议：希望我学会对人微笑。从我开始工作的那一天起，我发现，对老师、对学生、对家长微笑，会收获更灿烂的微笑和欣喜。我真切地感觉到生活就是一面镜子，你做什么它就反馈给你什么。我付出了，我也收获了。

(1)终身学习，提高专业素养。

作为美术教师，我在美术领域和教育教学知识方面，始终保持着学习的习惯。"樊登读书"和"喜马拉雅听书"是我在平时阅读的主要方式，遇到特别的内容会反复听、认真学。工作之余也会看纸质的书籍，经常会在直播课上与同学们分享、交流。高年级的孩子阅读量很大，孩子们知道我读历史、哲学书籍，会跟我探讨这方面的知识。这样也拉近了我们的距离，教学相长，其乐融融。

(2)设计孩子喜欢的、生动的直播课。

我尽量在每一堂美术课都准备丰富的课件，让学生通过大量的作品图片认识绘画大师、了解美术作品创作的背景、提高鉴赏水平。在学生绘画的过程中，我还会播放配合教学内容的音乐给学生听，使学生在生动的作品图片和优美的音乐旋律当中受到美的熏陶和启发。

(3)承认学生的差异，区别要求，不给学生压力。

在美术直播课这个平台上，我通过引导学生积极发言，评析作品，来激发学生对美术的兴趣，继而开阔学生的视野，培养其思维能力、鉴赏能力。美术教育的一个重要组成部分是鉴赏与评价作品。在每一节美术课上，我都会营造评价讨论的气氛，对学生的创作给予肯定和鼓励性评价。尤其是对班里行为习惯待改善和学习上后进的孩子，让他们感觉到老师和同学对他们的重视和赞赏，提升学习兴趣和参与的积极性。

(4)送给孩子们一粒美的种子。

在我看来，每个孩子都是一张洁白的纸、一朵需要用心浇灌的花和一件可以雕刻的作品。良好的审美能力会影响孩子的成长，陪伴其一生，所以在美术直播课堂教学中，我一直重点培养学生的审美能力，希望他们在今后的人生中感受、鉴赏、评价和创造生活中的美。

"亲其师则信其道"，学生喜欢一位老师，就喜欢听老师的课、愿意听那位老师的话。教师的快乐来自学生的认可，教师的成就来自学生的成长，只要乐于用真心去关爱学生，善于用智慧去启迪学生，就能走进学生的心里，成为学生喜欢的教师。

三、胸怀理想，做有理想的教师

"师者，所以传道授业解惑也。"教师是一个神圣的职业，担负着培养人才的重担，教师的职业理想就显得非常重要。教师职业理想主要包括坚定正确的理想信念、科学开放的教育思想、开拓进取的奉献精神。除此之外，在我看来，一位有职业理想、有自身追求的教师，还应该具有以下几大特质。

1. 一个有职业理想的教师，应该善于合作、具有人格魅力。俗话说："一根稻草抛不过墙，一根木头竖不起梁。"我们的学生处在非常复杂的社会环境中，时时刻刻接受多方面、多层次的影响，教师的影响在多大程度上能够发挥作用，取决于教师在多大的层面上协调各方面的力量共同对学生施加影响。一个有职业理想的教师，首先应该是一个善于与其他教师、学生、家长、社会合作的教师，他会把学生摆在首位，会调动所有可利用的教育资源来成就学生，来实现自己的教育抱负。

在我看来，一个理想的教师，不仅应该具有奉献精神，而且应该是一名眼光长远的权衡者。教师与同伴、家长、学生、社会交往的过程实际是利益平衡的过程，斤斤计较于眼前的得失，表面看暂时得到了一些，但实际上会失去长远的利益，其实是得不偿失的。

2. 一个有职业理想的教师，应该充满爱心。爱是教育力量的源泉，是教育成功的基础。我们有很多教师日复一日、年复一年地在教，但是却从没有在教的过程中找到教育乐趣，心中也从没有涌起过爱的热潮，这样的教师可能无法取得教育上的成功，永远也不可能把握教育的真谛。"家有二斗粮，不做孩子王"，和孩子打交道确实是一件麻烦事，总会遇到突发情况，总会碰到各种各样的烦恼。但是我觉得，大烦恼才能催生大乐趣，大问题才能带来大成就。教师应该努力挖掘职业的内在美，坚信自己所从事的是影响人的一生、值得为之奋斗一生的事业。这样，你才会爱它，才会全身心地投入。

夏丏尊先生在《爱的教育》译者序中提到："教育没有了情爱，就成了无水的池，任你四方形也罢，圆形也罢，总逃不了一个空虚。"教师工作是一个能够把人的创造力、想象力和全部能量、智慧发挥到极限的、永远没有止境的事业。我们每天面对的是一个个性格迥异的孩子、是一个个前程不可限量的个体，他们的人生有各种各样的可能。教师精心地去关怀学生、爱护学生，学生就会紧紧团结在教师的周围，敬师爱师；教师帮助学生挖掘身上的潜力，会发现他们的能量是不可限量的。

3. 一个有职业理想的教师，应该追求卓越，富有创新精神。教育家朱永新教授曾说过："教育家和教书匠的一个最大区别，就是教育家有一种追求卓越和创新的精神。"追求卓越的老师才能培养出卓越的学生，塑造卓越的人生，成就卓越的民族。

一个有职业理想、追求卓越的教师首先要有深厚的教学底蕴、超前的教学理念和高超的授课技艺。"道之未闻，业之未精，有惑而不能解，则非师也。"作为教师，勤学广集，才能厚积薄发。要把有限的生命投入无限的发展中去，做一个永无止境的学习者，给学生树立起学习与奋斗的榜样。因此，我们要秉承"业精于专"的教风，不断丰富自己的知识，与时代同行，与学习为伴，实时更新教学理念，实时补充新知。其次，一个有职业理想、追求卓越的教师要开拓创新，敢为教育改革之先锋。萨特曾经说过："你想成为什么样的人，你就是什么样的人。"教师的创新能力直接影响学校的教育质量，关乎学生的素质发展和提高。卓越的教师总是善于吸收最新教育科学成果，积极地将其运用到教育、教学、管理中，并能发现新的行之有效的教学方法。他们善于变换教学手段，激发学生积极思考，鼓励学生参与课堂，共同交流、探究。作为教师，我们要积极创新，大胆实践，探索出适合学生发展的卓越之路。

4. 一个有职业理想的教师，应该勤于学习，不断充实自我。勤于学习，充实自我，这是成为一名优秀教师的基础。一个有职业理想的教师，一个想成为教育大家的教师，一个想成为教育名家的教师，必须从最基础的工作做起，扎扎实实多读一些书。我觉得，教师最重要的任务是学习。任何一个教育家都不可能离开前人的教育财富。在一定意义上可以说，我们是在用我们的时代语言，用我们的生活阅历，同过去的大师进行心灵沟通，阐释我们对教育的理解。

我校陈兰老师就是这样一位尊重学生、有职业理想的名师。她立身教育事业，勤于思考，尊重与倾听孩子的声音，用自己的智慧与人格魅力巧妙地化解了一场风波。

陈兰：

立身教育事业的个人故事——拉丁操风波

教育是倾听孩子的声音，让孩子成为主角。课间操环节，一位实习教师教大家学做她编排的融拉丁舞的基本动作和韵律操的动作于一体的"拉丁操"。尽管教师在领操台示范引领，还不时地表扬跟着一块做的孩子，但我依然看到我们班的几个大个儿男孩儿极不情愿地伸着胳膊，动作很不规范，胳膊抬不起来，指尖也没有力量，有一个孩子索性停下模仿的动作。"为什么不做了？"我走到他们身边问道。"我不喜欢，这动作如此'妖娆'！"这孩子理直气壮地回答，旁边还有一个孩子随声附和。

"他们为什么如此抵触？他们不喜欢，有错吗？"问了几个为什么，我的心平静了下来，我们成人以为的好就真的好吗？既然是自主编排，有没有征求过孩子的意见？哈哈！有了！又一个课间，我找到了不喜欢"拉丁操"的两个同学，明确表达对他们好恶的尊重，但是采用"不做拉丁操"这种做法是不对的，因为这是集体活动，少数服从多数。他俩又不服气了："谁说我们是少数？""操场上大多数同学都在做呀！""那也不能说明他们喜欢这套操呀？""嗯！你们说得有道理，那怎么办呢？"

我把问题抛给了两个孩子，接下来他们成了解决问题的关键。课间他俩居然在六年级挨班做调研——统计出了喜欢拉丁操的有 90 多人，不喜欢的有 130 人左右。得意的他们同意承担我提出的"自编喜欢的操 3 节，在全校带操，然后再征求同学的反馈意见"的任务。他们的带操如约开展，我为他们录像，并且进行了采访：带操并教大家一起做是什么感受？我们还一起看了他们动作并不和谐流畅的带操录像，再一次利用课余时间进行了相关调研，结果是喜欢与不喜欢的基本上是一半一半的比例。"不喜欢的那一半怎么办？"我追问。第二天我又向体育老师申请让这两个孩子带操，也对操场上跟学的同学进行录像，尽管有人不喜欢，但是大家都跟着这两个同学在做。我请他们看了视频，表扬了他们带操从表情到动作都有了进步，与此同时，我还特意提到了那些不喜欢这套操的同学也一直在跟着做。

此时，那两个曾经理直气壮的孩子终于低下了头。我想在这个过程中他们一定接受了一番"洗礼"：生活中不能总以我不喜欢为借口拒绝，每个人都有自己的好恶，但是拒绝绝不是最好的方式。尊重他人也是在尊重自己，做事不能只考虑自己的感受，还要站在别人的角度来考虑；出现问题很正常，解决问题才能展现一个人为人处世的能力，这是一种责任，也是一份担当。

　　这件事也让我认识到：有些孩子是难教的，他们需要老师更专业的方法去引导，考验的是老师的智慧和耐心。他们也在提醒我：站在孩子的角度多问几个"为什么"，用我们的尊重换来孩子的尊重，用我们的引导成就孩子的未来。

　　一名有职业理想的教师，就应该像陈兰老师这样。我们所从事的教育事业是在为学生的未来做准备。我们的教育是为了未来的教育，是着眼于学生一辈子的教育。教师的社会责任感，影响着学生的社会责任感；校园的民主方式、教育方式，直接影响着学生的生活方式。因此，希望我们的教师在俯身讲台的同时，也要关注校外的世界。

　　教育需要理想，只有燃烧起理想的火焰，我们整个民族才能变得强盛，变得有凝聚力，才能在与世界各国的竞争中立于不败之地。而教师这个职业则让我们在流逝的时光中始终葆有一颗不老的童心，拥有丰盈的精神世界，享受教育本身带来的欢乐。在同赴未来的旅程中，希望我们呼家楼中心小学每一位教师都能保持这份热爱，砥砺前行，追求并创造有价值的人生！

4

传承传统，做有根有魂的中国人

当代思想家欧文·拉兹洛曾指出："在我们这个时代，文化是一种决定性的力量。"党的十八大以来，以习近平同志为核心的党中央高度重视中华优秀传统文化的保护、传承与发展，将中华优秀传统文化定位在国家战略资源的高度，指出中华优秀传统文化是实现中华民族伟大复兴和中国梦的决定性力量。2017年中共中央办公厅、国务院办公厅印发的《关于实施中华优秀传统文化传承发展工程的意见》明确指出，要"把中华优秀传统文化全方位融入思想道德教育、文化知识教育、艺术体育教育、社会实践教育各环节，贯穿于启蒙教育、基础教育、职业教育、高等教育、继续教育各领域。以幼儿、小学、中学教材为重点，构建中华文化课程和教材体系"。在这样的时代背景下，传承中华优秀传统文化成为新时代赋予教师的重要使命。

一、明晰传统文化的教化功能，做知节守礼的教育者

我国古代关于教育的典籍很多，其中《礼记·学记》是我国历史上最早专门论述教育和教学问题的文献，还有《孝经》《论语》《大学》《中庸》《荀子》《三字经》《师说》等，蕴含了大量的教育思想，值得我们学习借鉴。

在这些教育典籍中，《论语》介绍了中国古代的教育大纲："志于道，据于德，依于仁，游于艺。"《孝经》里则记载了教育的五种常用方法："先王见教之可以化民也，是故先之以博爱，而民莫遗其亲；陈之于德义，而民兴行；先之以敬让，而民不争；导之以礼乐，而民和睦；示之以好恶，而民知禁。"又讲到教学四法："教民亲爱，莫善于孝；教民礼顺，莫善于悌；移风易俗，莫善于乐；安上治民，莫善于礼。"儒家所倡导的六艺教育：礼、乐、射、御、书、数，既是关于生活实践的技能培养，又是人文思想的传递。

《礼记·经解》中提出六种典籍教育："孔子曰，入其国，其教可知也。其为人也，温柔敦厚，《诗》教也。疏通知远，《书》教也。广博易良，《乐》教也。洁静精微，《易》教也。恭俭庄敬，《礼》教也。属辞比事，《春秋》教也。"《礼记·乐记》中则记载了乐教思想："凡音者，生于人心者也；乐者，通伦理者也。是故知声而不知音者，禽兽是也；知音而不知乐者，众庶是也。唯君子为能知乐。"

我校全体教师深刻认识到文明礼仪教育的重要性，在"三礼教育"践行12年后，再次从查找问题入手，扎实实施文明礼仪教育，将每一天的每一

课作为提升学生公民素质、文明素养的契机，出台了《文明课堂教师行为标准》，要求教师从个人文明素养、课堂交往互动、公共课堂遵守规则三个方面，与学生共同建立、维护、经营好属于师生的公共课堂。该标准明确了文明课堂中教师行为的十个细节：

1. 衣着整洁得体，符合教师身份。

2. 课前提前静候学生。

3. 面带微笑走进课堂。

4. 上课时不接打电话。

5. 学生发言时，要注视学生，耐心倾听；学生发言后，要表示感谢。

6. 学生小组讨论时，俯下身体与学生交流。

7. 恰当得体使用体态语言(如手势、微笑、眼神、站姿)。

8. 用欣赏的眼光、积极的言语，肯定引导孩子的课堂表现。

9. 拿放书本和教学用具时动作要轻，不影响学生。

10. 下课铃声响起，不拖堂，主动道别。

实践证明，中华优秀传统文化能够激发教师的教育情怀，帮助教师建立高尚的人格，对于教师的理想信念、道德情操、仁爱之心的涵养，作用显著。

二、树立文化自信，做中华优秀传统文化的传承者

　　文化作为一个民族的灵魂和血脉，凝聚着这个民族对世界和生命的历史认知与现实感受，积淀着其最深层次的精神追求和行为准则，并承载着民族自我认同的价值取向。我们的教师应增强中华优秀传统文化意识和文化身份认同，保持对传统文化的热爱与热情，做中华优秀传统文化的传承者。我校王杰慧老师勇当"排头兵"，率先将我们目前正如火如荼开展的PDC项目式学习与二十四节气传统文化相融合，深挖二十四节气中的传统文化，带领孩子们开启了"舌尖上的民俗——节气与饮食"项目探索之旅。

王杰慧：

舌尖上的民俗——节气与饮食

　　1. 项目具体任务及所要解决的问题

　　(1)了解节气与饮食的关系，知道不同的节气吃什么更有助于健康。

　　(2)初步掌握一些美食的做法，知道科学营养的食物有利于健康，培养良好的饮食习惯。

　　(3)体会家人的辛劳，分担家务，培养爱劳动的好习惯。

2. 项目实施过程概述

(1)回顾背诵过的《二十四节气歌》，了解本学期开学到六一儿童节之前会经历七个节气，发现两个节气大约相隔15或16天。

(2)讨论与节气相关的民俗都有哪些，最后聚焦到"节气与饮食"。

(3)自主选择节气，按所选节气组成小组。小组内分享讨论各自了解到的这个节气与饮食相关的信息。

(4)整理关于"节气与饮食"的介绍。

(5)拍照记录清明节时与家人的饮食，并拍摄采访家人的视频：在这个节气为什么要吃这种食品，有什么作用，口感怎么样？

(6)整理出三四个节气的最适合自己家人的饮食方案。

(7)六一儿童节时以游戏活动为载体，请大家参与游戏，了解对于不同节气的饮食建议。

3. 项目实施内容

时 间	实 施 内 容
第一次 3.7	回顾背诵过的《二十四节气歌》，了解本学期开学到六一儿童节之前，我们会经历七个节气，发现两个节气相隔的时间。
第二次 3.14	交流展示优秀的手抄报作品，并且评选出学生最感兴趣的节气。让学生讨论与节气相关的民俗都有哪些，最后聚焦到"节气与饮食"。
第三次 3.21	根据学生选择的节气分组，小组内分享讨论各自了解到的这个节气与饮食相关的信息。
第四次 3.28	在上次课的基础上，小组合作以手抄报、视频或PPT的形式整理关于"节气与饮食"的介绍。

续表

时　间	实　施　内　容
第五次 4.4	组织学生分享讨论"清明节与饮食"。
第六次 4.11	全班交流各自清明节时的饮食，评选出清明节最应该吃的和适合这个节气且味道很好的饮食。
第七次 4.18	组织学生分享讨论"谷雨与饮食"。
第八次 4.25	组织学生分享讨论"立夏与饮食"。
第九次 5.9	全班交流各自在谷雨和立夏节气的饮食，评选出这两个节气最应该吃的和适合这个节气且味道很好的饮食。
第十次 5.16	每个学生设计属于自己家庭的节气饮食推荐卡。
第十一次 5.23	展示、评选最受欢迎的节气饮食推荐卡。
第十二次 5.30	请学生现场讲解、推广我国的饮食文化。以游戏的方式让同学们参与其中。

4. 项目成果

(1)整理一个与节气相关的家庭食谱，同时了解中国的传统饮食文化。

(2)至少能做出两三种美食，能在节假日做给家人吃。

(3)把自己学习到的节气与饮食方面的知识进行宣传和传承。

　　中华优秀传统文化给予了我们一种最基础、最深厚、最广泛的自信，

积淀着中华民族最深层的精神追求，蕴含着丰富的教育资源，为我们以文化人、以文育人提供了丰厚滋养。

三、加强文化自觉，做中华优秀传统文化的守护者

中国作为拥有五千年历史的文明古国，蕴含着丰富的优秀传统文化，有着取之不尽、用之不竭的文化遗产。小学教育作为人生教育的起始阶段，是基础教育中的基础。教师要坚持将国家立场与儿童立场相结合，坚持在传统文化中挖掘精髓，践行育人原则，做中华优秀传统文化的守护者。

我校谷江红老师始终保持对中华优秀传统文化的学习热情，关注书法艺术在当代的继承与创新性发展，联合家长的力量，从学生日常书写着手，于潜移默化中培养学生工整书写的良好习惯。

谷江红：

成就学生工整书写的好习惯

"请您伸出右手，在课桌上一笔一画地写'我是家长'几个字，再请您随意写出这几个字。"这是我在任教班级一年级第一次家长会上，让家长配合我做的体验，认真书写和随意书写所投入的关注度及认真程度是不一样的，让家长认识到，写什么固然重要，用心写字对端正学习态度一样重

要，书写对孩子非常重要。一笔一画，认认真真地书写，不仅可以保证作业的质量，更重要的是可以培养孩子良好的学习习惯。

我始终认为学生书写工整是良好学习态度的体现。如果一个孩子态度浮躁，他写的字迹就会潦草，长此以往，势必对学习成绩造成影响。相反，一个踏实的孩子，无论聪明与否，认真的态度会让他的作业工整干净，积跬步以至千里，就会学有所成。所以，我很注重学生书写习惯的培养。我带的班级的成绩始终名列前茅，跟习惯培养密不可分。

(1)教师的榜样示范作用尤为重要。教师要练一手好字，用这一手字去影响、引导学生。每一次板书、每一次批语，甚至一个名字，都要工工整整地书写。越是低年级的孩子，模仿力越强，教师就是最好、最直接的示范者。教师的板书、作业本上的批语无不是学生的字帖，学生会潜移默化地受到影响。

(2)对汉字字形的观察、分析是前提。汉字字形结构复杂，笔画繁多，难记难写，但只要把汉字的基本笔画、笔顺、偏旁部首、间架结构等知识教给学生，就可以化难为简。

第一，仔细观察。对独体字，要求学生看清每个字有多少笔画，弄清笔顺和间架结构，哪个笔画长，哪个笔画短，笔画之间的距离怎样，怎样搭配；对合体字，要求学生看清每个字是什么结构，什么偏旁部首，怎样搭配，在田字格的什么位置上；对某些学生容易多写或少写笔画的字，用彩色粉笔标示出易错部分，引起学生的注意；有的字笔画较多，学生容易写错，放大写在黑板上，让学生观察，培养学生的观察力和注意力。

第二，进行比较。形近字容易混淆，要求学生找出它们的异同部分，辨清字形，如抱、饱、炮、苞、跑、泡，清、请、晴、情、睛、蜻。

第三，根据不同的字形归类。主要是通过指出结构搭配的比例，帮助学生记忆，如左右结构的字，有左窄右宽的，有左宽右窄的，有左右对等的；上下结构的字，有上小下大的，有上大下小的，有上下对等的；字形长的字左右要疏朗些；字形扁的字左右要紧凑些；写笔画少的字要疏朗些，写笔画多的字要紧凑些。

(3)严格规范作业的书写格式。我会对学生的每次作业提出明确的书写要求——正确、工整，以及统一的格式要求，如横式、竖式的写法，答案写在什么地方，文字题、应用题怎么写，字的大小、空行、错题的订正形式等。通过近半年的指导和训练，学生逐渐养成了书写工整、规范的习惯。我的学生都知道，对于书写，谷老师眼里揉不得沙子，是不能糊弄的。

(4)评价奖励和激发兴趣相结合。在作业批改中，我除了对正误进行评判，还注重对书写的评价，学生的作业本中常常有两个成绩，一是关于题目正确率的，另一个是关于书写工整美观程度的。学生的兴趣是写好字的前提，我时常把漂亮的作业张贴在展板上展示，还常常鼓励学生："你的字有进步了！""你的字又有进步了，老师真为你高兴！""看着你的作业，就像在欣赏一幅书法作品，真是赏心悦目！"

良好的书写习惯的培养，要经历一个长期且艰苦的过程，也是磨炼学生意志、性格、品质的过程。因此，教师一定要从严、从实、从点滴抓起，抓住小学阶段的最佳时期，使学生养成规范工整书写的习惯。

　　总而言之，教师要立足课堂教学，根据学生实际因材施教，开展传统文化教育。通过诵读经典诗文、体味传统节日、培育核心价值观来启蒙、开智、立德。让学生在优秀传统文化的教育中把握社会的道德规范，内化个人的道德品质，树立道德信念，让中华优秀传统文化的精髓入脑入心入行。

　　回顾历史，支撑我们这个民族走到今天的、支撑中华文明延绵至今的，是植根于中华民族血脉深处的文化基因。作为新时代坚守在教育一线、承担立德树人根本任务的教师，我们更需要率先树立文化自信，立己达人，做中华优秀传统文化的代言人，将传统文化中的"仁义礼智信"作为自己建树教师形象之本，不断丰富乃至超越"传道、授业、解惑"的职业内涵，谱写新时代的"师说"！

第二章

唤醒责任感，
做"有道德情操"的好老师

◇◇◇◇◇◇◇◇◇◇◇◇◇◇◇◇◇◇◇◇◇◇◇◇◇◇

　　习近平总书记高度重视教育改革和教师工作，多次表达对全国教师的关怀勉励。教师是立教之本，兴教之源。好老师是什么样的？习近平总书记提出了殷切期望。做好老师，要有理想信念；做好老师，要有道德情操；做好老师，要有扎实学识；做好老师，要有仁爱之心。其中，有道德情操，是教书育人的前提条件，体现了道德育人的导向。

　　本章从对道德情操的理解出发，聚焦教师奉献精神、教师师德榜样、教师自我省思、学校德育活动，阐述我校教师是如何涵养道德情操的，又是如何在教育教学实践中引领学生品德发展的。

1

师德是一场终身的修行

国无德不兴，人无德不立。教师之重，在于教师的工作是塑造灵魂、塑造生命、塑造人的工作。在新的历史形势下如何正本清源、重塑师魂，是历史赋予教育工作者的使命与职责。

习近平总书记多次强调，加强师德师风建设是培养高素质教师队伍的必要条件和重要保障。教师不仅是知识的传播者，更要是道德的楷模。教师的职业特性要求他们必须具备高尚的道德品质。

随着社会的快速发展，时代也对教师师德修养提出了新的要求和期望。因此，教师应不断提高道德修养，自觉做到以德立身、以德立学、以德施教，自觉践行高尚师德，在教育教学中时刻自重、自省、自警、自励，自觉做到以德育人。用模范的言行举止为学生树立榜样，用高尚的人格魅力引领学生的成长，努力成为塑造学生品格、品行的楷模。

一、漫谈师德，领悟其价值

自古至今，尽管教师的职责因时因地而异，但社会对高尚师德的要求却始终如一。这是因为教育不仅是知识的传授，更是心灵与心灵的沟通，是人格对人格的塑造。没有高尚的师德，就无法培养出品德优良的学生。师德的重要性无须赘述，而在当下，师德的重要性愈发突显。我们认为其重要性主要表现在以下几个方面。

1. 加强师德建设是教师干事创业的需要。教师要忠于教育事业，就必须加强师德建设，树立正确的人生观、价值观，培养崇高的职业理想和高尚的道德情操，做到牢记责任、敬业爱岗、教书育人、不辱使命，在倾洒心血、汗水和智慧，培养优秀人才的同时，享受职业荣耀，收获精神追求，体现人生价值。

2. 加强师德建设是学生健康成长的需要。高尚的师德，是对学生最生动、最具体、最深远的教育。教育绝非单纯的知识传递，而是用人格铸造人格、用心灵唤醒心灵的过程。教师的一言一行，无时无刻不在潜移默化地影响着学生。教师只有在政治思想上、道德品质上、学识风范上、人格魅力上，以身作则，率先垂范，才能真正为人师表，吸引学生，感染学生，为学生的成长提供示范，帮学生树立远大理想和崇高品德，促进学生全面发展、健康成长。

3. 加强师德建设是推进社会文明的需要。强调教师的角色地位、社会责任之重要性，在于其言行、仪表、道德修养会影响其教育对象和社会公民。师德之"德"远远超过了一般的道德范畴。教师通过自身的道德修养、人格魅力、精神风范和行为习惯教育学生、感化他人、辐射社会，对创造良好的社会道德环境影响深远。高尚的师德能有力地推动社会道德风尚的进步，对贯彻"以德治国"思想、构建和谐社会具有十分重要的现实意义。

无德无以为师。为人师者，德行乃是根本。我校始终将师德视为至关重要的因素，并致力于引导教师不断深化师德修养，自觉增强职业荣誉感、历史使命感和社会责任感，以培育优秀人才、发展先进文化和推进社会进步为己任，站在时代的前列，树立高尚道德情操和伟大精神追求。

二、锤炼师德，深谙其真谛

"学为人师，行为世范"，此言揭示了教师对于学生的双重身份：不仅是传道授业解惑的学者，更是以信念感染人、以灵魂塑造人的智者。为了培育有德之人，首先需要有德之师。我们认为，教师应时刻保持教师应有的风范，牢记自己是人类灵魂的工程师，勇于承担"大先生"的时代使命。为了进一步加强我校教师师德修养，提升全体教师的师德素养，我们需要深入理解何为"师德"，什么样的教师才能被称为品德高尚之人。

我校王子韬老师，基于个人的成长轨迹与职业经历，对"师德"这一概念及其重要性进行了深入且独到的阐述。

王子韬：

恪守师风师德，让全社会尊师重教

"要把师德师风建设摆在首要位置，引导广大教师继承发扬老一辈教育工作者'捧着一颗心来，不带半根草去'的精神，以赤诚之心、奉献之心、仁爱之心投身教育事业。"这段话出自2021年3月6日习近平总书记看望参加全国政协会议的医药卫生界、教育界委员时的讲话。百年大计，教育为本；教育大计，教师为本。师德师风建设关系着教师队伍的整体素质，是我们回答"培养什么人、怎样培养人、为谁培养人"这一问题的关键。

那师德的核心是什么呢？"师爱为魂，学高为师，身正为范。"我想，"爱"始终是师德的核心，也是整个教育事业的核心。教师是千千万万职业中的一种，但它又不同于其他任何一种职业，尤其是小学教师，面对的都是未成年的孩子，他们的心智尚不成熟，教育过程对他们的影响深远，一位好老师会让孩子一生受益，一位不合格的老师可能对孩子的成长造成不可逆转的伤害。

"师者，传道授业解惑也。"从古代的"夫子"到近代的"先生"，再到当代的"老师"，教师这个职业无疑是历史悠久且具有神圣地位的。从古至今我们民族历来注重师德。《礼记·文王世子》中提到："师也者，教之以事而喻诸德者也。"这句话强调了教师的双重责任：既要教会学生做具体的事解具体的题，也要让学生明德，而要让学生有德行，教师自身必须具备高尚的职业道德和社会责任感。《礼记·学记》中更指出："记问之学，不足以为人师。"仅仅靠背诵和记忆前人的东西而没有自己的见解和想法，是不足以给别人当老师的。

人们常常歌颂老师，将其比喻为奉献一生的春蚕，抑或是燃烧自己照亮他人的蜡烛。但教师不是神，我们不能要求所有教师都崇高伟大，教师也是普通人，也有三餐四季的生活。因此，在我心中，涵养师德就是教师在日常工作和教学中做到修养自己的身心，做一个言语文明、行事有矩、教学有法、对待学生保持基本的耐心的人，师德就蕴含在我们工作和教学的分分秒秒中、角角落落里。

当然，作为老师，都曾有过因为学生学不会、学习不认真或是不遵守纪律而急火攻心的经历，可是静下心来想一想，学习过程中的困惑和挑战是教育过程中的常态。就像一年级的孩子刚开始学习基础算术时会遇到困难，但是等他长大了，这些问题就不是问题了。所以，教育有时候是需要等待的。有人说，教育就像牵着蜗牛散步，这中间不仅需要教育者的智慧和呵护，更需要教育者的耐心等待。有些孩子是晚上开的花朵，你非让他同早晨的花一起绽放，无异于拔苗助长，必然适得其反。

近些年，师生之间、教师和家长之间、教师和学校之间的冲突和问题时有发生，网络的复杂环境也给这些问题的发酵提供了肥沃的土壤。为什么现在越来越多的教师选择"躺平"？在教师这个群体里，普通教师是多数，既然提高教育艺术很难，简单粗暴可能带来风险，那就索性"躺平"。对学生好与不好、学与不学、成才与否，采取一种放任态度。这样的"养生"教育实际上会导致教育质量的下降。如果越来越多的教育者开始"养生"，我们教育的希望又在哪里？而涵养师德才是解决这些问题的关键。教师都恪守师德，才能让尊师重教成为全社会的共识，从而形成良好的教育环境，给未来以希望。

此外，评价是每个人行为的指挥棒，而评价的目标影响着评价过程与结果。因此，我校将师德评价与立德树人辩证地统一起来，营造公平、正义、有爱且自由的环境，让学校师德评价转化成教师立德树人的动力之源，让良好师德蔚然成风。

教育，不只是教书育人，更是爱与责任的传递。好的教育，就是一颗心温暖另一颗心，一个灵魂照亮另一个灵魂。我相信，在良好师德师风的引领下、全社会尊师重教的氛围下，每一名教师都能用善良启迪善良，用心去铸就孩子美好的明天。

尽管每位教育工作者对师德的理解和诠释不尽相同，但作为一名教育工作者，我们都应将师德建设作为教育工作的基石，自觉肩负起为国家培养优秀人才的崇高使命。我们应以"春蚕到死丝方尽，蜡炬成灰泪始干"的奉献精神，将赤诚之心、无私奉献和仁爱之心融入教育事业的每一个环节，让这份被誉为太阳底下最光辉的职业，在新时代的伟大征程中绽放出更加耀眼的光芒。

三、珍视师德，修炼无止境

我国著名教育家陶行知曾说道："因为道德是做人的根本。根本一坏，纵然是你有一些学问和本领，也无甚用处。"教师要具备高尚的思想觉悟，无论在言行举止层面还是道德境界层面，都要以"学为人师、行为世范"的标准来要求自己，以德服人，以德育人，培养德才兼备的学生。而如何提升自我的师德水平，我校吴雪蕾老师结合自己的工作与我们分享了她的经验。

吴雪蕾：

师德是一场终生的修行

对于从教 30 年的我来说，师德就是一场终生的修行！

师德，师之德也，体现于教师的品行品质。德，从字的发展史看有三层含义，最早德有"行正、目正"之意，后来加入了"心正"之内涵，而到了 21 世纪，德已不单是指个人的德行、品质，还指人们共同生活及行为的准则和规范。相应地，"师德"的这个"德"就是指教师在工作中要行得端、看得直、心得正，要自觉遵守教师行为准则与规范。

师德，师之道也，体现于教师的教与学。道，古人认为其是万物万法之源，是创造一切的力量。唐代韩愈在《师说》中提出："师者，传道授业解惑也。"这里的"道"我认为就是道理，是对人生的感悟。一名师德高尚的教师，一定是一位有人生感悟的人，一定是一位有着正能量的人，更应该是一位擅长给学生"传道"的人。老话说得好，要想给学生一杯水，自己要有一桶水。一桶什么水？教师应该有的是人生阅历的一桶水，是丰富情感的一桶水，是善解人意的一桶水，是懂得生活情趣的一桶水……而这桶水需要用一生去盛装。

师德，师之范也，体现于教师的以身作则。范，有模范、榜样之义。一名优秀教师在工作中的行为举止一定是学生的榜样。全国劳动模范、优秀人民教师魏书生曾经讲过一个小事例：在他当老师的时候，每天都让学生早上到校跑步，很多孩子都不太情愿，于是魏书生每天都第一个到操场，带头跑步，这一跑就是十几年。他还开玩笑说，他这就是借公家的活儿锻炼了自己的身体。他的每天坚持、他的行为示范影响着学生，影响着孩子的学习态度、学习精神的养成。所以说，教师的示范引领、以身作则是最好的德育课。

师德，师之魂也，体现于教师的精神引领。魂，指精神。教师道德包含教师自身的信念、价值追求与精神世界。许多教育工作者都认为教师应具有"崇高的灵魂""美的心灵"和"较高的精神世界"。教师需要不断外塑和内化师德品质对于教师的行为、理念、价值选择等多方面的要求，不断提升自身修养。

师德是什么？师德，是慎独，是每节课认真传道的坚持，是率先垂范的引领，是灵魂的锤炼与升华，是静心无声的坚守。师德，是教师一生的修行！

师德的修炼是教育工作者必须承担的责任，它不仅是一种精神的体

现，更是一种深厚的人格内涵和文化素养的体现！正如吴老师所言，师德体现在教师日常的方方面面。作为教师，我们都应做到不忘初心和使命，坚守师德的基本原则；展现关爱之心，牢记师德的核心价值；拥有扎实学识，满足师德修炼的基本条件；培养对生命的尊重和理解，实现师德修炼的终极目标。让我们携手共进，以良好的师德，点亮每个孩子心中的灯塔；塑造、成就自己的教育人生；建设、创造理想的教育天堂。让师德修炼成为一场终身的修行，在这场修行中我们且思且悟且践行着！

2

捧着一颗心来，不带半根草去

2014年9月9日，习近平总书记与北京师范大学师生代表座谈时明确指出，一位优秀的教师应当具备"捧着一颗心来，不带半根草去"的奉献精神。这一表述深刻阐述了教师应当秉持的职业道德和人格魅力，同时也揭示了教育工作的初心和使命。

作为教育工作者，我们必须认识到教育是培养人的事业，其初衷、本质和目的都是为了引导学生在知识、道德和价值观方面的发展。为了实现这一目标，教师不仅需要不断充实自身的知识和技能，更需要具备一种崇高的品质——奉献精神。

什么是奉献精神？是龚自珍笔下的"落花不是无情物，化作春泥更护花"，是鲁迅笔下的"横眉冷对千夫指，俯首甘为孺子牛"，亦是陶行知笔下的"捧着一颗心来，不带半根草去"。奉献精神是教师这个职业所必须的。

无论时代如何变化，教师的奉献精神始终是教育工作中不可或缺的重要因素。奉献精神在新时代被赋予了新的内涵和要求。那么，如何在工作中践行奉献精神，如何理解新时代的奉献精神，成为我们必须认真思考和解决的课题。

一、跟随步伐，探索奉献精神的新时代内涵

古语云："求木之长者，必固其根本；欲流之远者，必浚其泉源。"为了深入探讨教师的奉献精神，我们必须首先对其现实内涵进行准确、科学的把握。

在过去的讨论中，教师的奉献精神往往被赋予一种牺牲自我的色彩，如蜡烛般燃烧自己、照亮他人，或如铺路石般支撑他人前行而自己永远停留在原地。然而，随着时代的发展，我们认识到对于教师而言，奉献精神可以有不同的解读。

习近平总书记指出："人，本质上就是文化的人，而不是'物化'的人；是能动的、全面的人，而不是僵化的、'单向度'的人。"[1]作为一个独立的生命存在，每个人都必须先成为一个完整的人。因此，我们倡导教师在照亮他人的同时，也要关注自己的职业幸福与个人成长。这种既关注学生成长也兼顾教师自身发展的奉献精神，才是新时代教育工作者应有的

---

① 习近平：《之江新语》，150页，杭州，浙江人民出版社，2007。

追求。

新的时代，我们也希望每位教师在深入理解奉献精神后，都能在实际的教学岗位上做到既照亮他人，又成就自己，让事业和人生熠熠生辉。

二、寻找榜样，积极向榜样学习奉献精神

著名教育家吕型伟先生曾说："教育是事业，其意义在于奉献；教育是科学，其价值在于求真；教育是艺术，其生命在于创新。"[①]正是无数教师默默无闻、精益求精、勇于探索的奉献，才推动了我国教育事业的蓬勃发展。这些默默奉献的教师，有的曾在特殊时期做出重大贡献，更多的是在日常教育教学工作中默默付出，我们应该向他们学习，以他们的精神为榜样，激励自己为教育事业奉献力量。

在以下的分享中，我将向大家介绍我校沈艳杰老师无私奉献的感人故事。沈老师的奉献精神和崇高品质，值得我校全体教师深入学习。她用自己的实际行动，诠释了一名教师应有的责任和担当，为教育事业贡献了自己的力量。希望通过这次分享，能够激励更多的教师向沈老师看齐，在教育领域持续奉献自我，为培养更多优秀人才贡献自己的智慧和力量，成为他人的楷模。

---

① 林耀松：《奉献是教育的本色》，载《课程教材教学研究（中教研究）》，2016（Z6）。

沈艳杰：

老师，明天我要给您分享我做的小鸭子

突如其来的疫情，一下子拉远了人与人之间的距离。那根细细的网线成为我与学生们唯一的联系方式。除有限的直播课时间，每天五分钟与一个孩子的"叙旧"时间是我与孩子们最期待的时刻。

那天线上课结束前，我和小杨同学约定第二天要在课后五分钟"叙旧"，我特地告诉他，期待他能分享生活中最有意思的事。他兴奋地拿出一个工具，兴奋地说："老师，明天我要给您看一个'小鸭子'，我用这个鸭子夹去雪地里夹'雪鸭'。"看着孩子高兴的小脸，嘱咐他一定要戴好口罩后，我们就各自下线了。

下课后上网查了查，果真用工具夹出的"雪鸭"很萌、很可爱，我挺期待小杨同学将要分享的"小鸭子"。

虽然每天除了做核酸检测足不出户，但是病毒还是找上门来。当天中午我觉得嗓子不舒服，下午便开始高烧，为了保证第二天能够正常上线上课，我赶紧吃了退烧药。但高烧一直不退，家人劝我请假，第二天不要再上课了，家长和孩子们一定会理解的；学校领导也安慰我，表示可以让其他老师代课，让我好好休息。就在这时我收到了小杨家长的信息，眼睛都快睁不开的我看着文字与图片，心里暖暖的。小杨家长告诉我，小杨为了明天早上线上课能第一时间分享小"雪鸭"，今天夹了好多个，挑了一个他

71

认为最漂亮的冻在了冰箱里，准备明天拿给我看。小杨家长还叮嘱我别告诉小杨我已经知道了。

第二天，高烧近 39 度的我还是按时起床化了淡妆，想以最好的状态面对学生。家人不解，我告诉他们，因为我想看看学生的小"雪鸭"。不知道是怎样强大的意志力让我撑到了这堂课下课，坚持到五分钟的"叙旧"时间。看着小杨同学兴奋地举起那只晶莹的小"雪鸭"，我开心地笑了，但头昏脑涨得不记得跟小杨都说了些什么。只记得离线前，小杨说："老师，下次我给您看我夹的小'恐龙'。"

大家都说，为母则刚。同样，教师亦因教育使命而坚定。我们会珍惜和孩子的每一个约定，我们会为了孩子努力尽到每一份责任，因为我们是他们的老师。

择一业而坚守，终一生而尽责；一份春华，一份秋实。无论是站在三尺讲台上，还是在幕后默默付出，我们的教师都以实际行动彰显着对党的教育事业的忠诚和奉献精神。他们深知，每一分努力，每一分付出，都是对孩子们未来的助力，都是对教育事业的贡献。他们始终秉持着严谨、稳重、理性的态度，为培养更多优秀人才而不懈努力，砥砺前行！

三、坚守初心，做具有奉献精神的人民教师

教师，作为塑造人类灵魂的工程师，担负着培育年青一代的庄严使

命。在这个充满变革与挑战的时代，教师更应秉持初心，发扬无私的奉献精神，为教育事业奉献自我。

我校熊亚超老师凭借其丰富的教育教学经验，为我们细致解读了如何在教育教学中全心全意地奉献自我，以及如何为学生的全面发展提供坚实的支撑。

熊亚超：

特别的爱给特别的你

爱，是世界上最美的字眼。教书育人是爱的事业，对于一直负责低年级教学工作的我来说，用爱帮助他们顺利地度过小幼衔接阶段、尽快适应小学生活是我的职责所在。

心理学家威廉·詹姆斯说过，人类最深的需要就是被人欣赏。刚刚入学的孩子，面对一个全新的环境，周围都是陌生的面孔，往往会缺少安全感、缺少勇气。如果教师这个时候能给孩子们一些鼓励的话语，往往会激发出他们极大的潜力。

通过阅读资料我了解到，具有积极性、对事物抱有积极态度的学生更容易适应小学生活，全面发展，取得好的成绩。孩子的积极性是需要培养的，在学校里我为他们创设条件，给予他们更多的支持、更多的鼓励，培养他们的积极性。

有句话说得好：世上最好的爱就是陪伴。我班级里的孩子还不大，组织活动时事无巨细我都要考虑到，工作量很大，但为了使孩子们尽快融入集体生活，我还是会精心设计一些游戏活动，让孩子们感受到，老师不仅教给我们知识，也是我们的玩伴。

"教育给予学生的不仅仅是知识，应该给予学生自信心、积极性，培养他们的能力，培养他们做人的尊严。儿童的成长一定是在这个基础上发展起来的，缺乏了这些最基本的支持，他仅有的那点知识是不足以支撑他的幸福人生的。"基于以上两点，我不断地开展各种活动，让孩子从日常点滴感受到上学的快乐。对孩子的每一点进步，我都看在眼里，喜在心头，给予肯定。我会经常向他们伸出大拇指，让他们知道他们的进步我看到了。我也会经常抚摸他们的头，告诉他们可以做得更好。孩子的感受能力是很强的，他们感受到了我的爱，这爱也成了他们上学的动力。

一线教学使我很直观地感受到学生之间的差异很大。差异来自遗传与环境(包括教育)的共同作用，不承认差异就是不承认事实，只有理解学生的差异，接纳学生的差异，用发展的眼光来看待学生的差异，才能做到从根本上尊重和爱学生。对于一些后进的学生，要充分肯定他们的长处和优点，理解他们的处境和感受，在思想上、感情上与他们产生共鸣，这样他们才会对老师产生亲近感。有了这份可贵的亲近感，我们的工作才能收到更好的效果。

美国作家利奥·巴斯利亚说过："我们经常低估一次触摸、一个微笑、

一句暖心话的力量，一双倾听的耳朵、一句诚实的赞扬，抑或一个微乎其微的关爱之举，这些善行都有可能改变一个生命。"在教育的神圣殿堂中，熊老师深刻理解并践行了这一理念。他以身作则，用智慧与爱心滋养着每一位学生的成长。正是熊老师深沉的爱心、坚定不移的耐心和默默奉献的初心使学生绽放出最美丽的光彩。

弘扬教师的奉献精神，不仅是遵循历史发展规律的必然选择，更是满足时代需求的必要途径。鉴于此，无论是学校还是教师自身，都应当从各自的角度出发，着力培养奉献精神，以充分发挥个人才能，推动教育事业迈向新的高度。

"捧着一颗心来，不带半根草去。"这是陶行知先生的座右铭，也是他一生恪守的行为准则。我们期望新时代的教师们也能以此为指引，以一颗赤子之心，积极投身社会，全力奉献于教育事业，关爱和培育每一位学生，在爱的奉献中，让我们的生命焕发出璀璨的光芒。

3

不断寻找身边的榜样

习近平总书记指出："伟大时代呼唤伟大精神，崇高事业需要榜样引领。"榜样是镜子，是旗帜，是值得人们学习和效仿的对象。在新的时代背景下，要培养具有高尚道德情操的优秀教师，我们需要不断探寻身边的榜样，从他们身上汲取力量，以推动我们朝着更高、更快、更强的目标前行。

一、追寻时代的领航灯塔——榜样的力量

一代人有一代人的使命担当，一代人有一代人的英雄和榜样。不同的时代会涌现不同的榜样和榜样精神，这些榜样和榜样精神反映了不同的时代主题与任务。尽管时代在变，榜样的力量始终不容忽视，他们承载着社

会的道德规范、行为准则、理想信念等，是时代价值与精神的标杆。在新时代，我们更应充分认识榜样的力量，充分发挥其引领、示范作用，推动社会持续发展。

1. 树立榜样，推动教育事业前进。习近平总书记在同北京师范大学师生代表座谈时强调："今天的学生就是未来实现中华民族伟大复兴中国梦的主力军，广大教师就是打造这支中华民族'梦之队'的筑梦人。"为了实现这一崇高使命，教师应不断发掘身边的榜样，汲取榜样力量，提升个人品质，成为推动学生成长、民族振兴、国家繁荣、社会进步的关键力量，从而更好地履行时代赋予教师的崇高职责与使命。

2. 树立榜样，促进教师道德提升。在社会快速发展的背景下，面对多元文化和价值取向的冲击，我们亟须借助榜样的力量推动教师个人道德的提升，助力他们树立正确的世界观、人生观、价值观，提升道德品质和职业素养，更好地履行职责，完成教育使命，培育德才兼备、能力出众的新一代。

3. 树立榜样，引领学生健康成长。作为学生世界观、人生观、价值观塑造的关键引导者，教师在营造优良育人环境中的作用至关重要。日常教学中，教师与学生密切接触，在思想引领、知识传授、言行及思维方式建立等方面，均潜移默化对学生具有示范效应。学生正处于形成世界观、人生观和道德观的关键时期，他们具有积极向上的追求、丰富的情感、容易受到外界暗示和模仿的特性，这些特点决定了榜样作用在他们成长过程中的重要性。我们应充分利用榜样力量，以其学识修养、道德品行去感召、引导、培育学生在实现中华民族伟大复兴的实践中成为勇于奋进、开拓、奉献的先行者。

榜样的力量是无穷的。无论是从宏观角度还是从个人成长角度，我们都应该充分利用榜样的引领作用，推动师生成长和教育事业的进步。

二、点亮人生路，身边的榜样在行动

人为什么要为自己寻找人生的榜样呢？朱永新教授认为，就人的生物性而言，人是很容易懈怠、很容易满足、很容易停滞的，当一个人为自己寻找到人生的榜样、生命的原型后，他可以通过寻找自己与榜样的差距、通过生命原型给自己前进的力量，给自己克服困难的勇气。在教育领域，众多榜样人物的先进事迹值得我们借鉴，如"七一勋章"获得者张桂梅、"人民教育家"国家荣誉称号获得者于漪等，她们用实际行动向我们展示了新时代优秀人民教师的理想追求、高尚师德和人格魅力。

我校也有众多默默耕耘的教师，他们坚定付出，同样是我们学习的榜样。这些教师不仅在教学上用心付出，更在学生的成长道路上扮演着重要的角色。他们的付出和努力，不仅体现在课堂上的精彩讲解，更体现在课后的耐心辅导和无私奉献上。他们用自己的行动诠释着教育的真谛，让我们深刻认识到教育的价值和意义。我们应该向他们学习，用心投入教育工作，为培养更多优秀的人才贡献自己的力量。

张京京：

"不断追求教育的完美"是我终身的课题

生活中，我喜欢大海。如果把教育比作海滩的话，我已在这儿守望、行走了多年。虽然脚印深浅不一，但都倾注了我对教育满腔的爱和辛勤的汗水，有苦有乐，有泪有喜，在苦中我快乐着，在累中我幸福着。

在心中，我始终把"不断追求教育的完美"视为终身的课题。我坚信，教书育人是一种坚定不移的信念、一种不懈的执着。只要永不停歇，不断前行，就一定能让教育这片海滩绽放出绚丽的光芒。

(1)学生是我工作的原动力，而"爱"是我愿意和能够付出的全部。

师爱是师德中一个永恒的主题，我热爱教育事业，更爱我的学生。正是这爱，滋养了孩子，成就了事业，也升华了自己。正是这爱，使我能够深入地了解孩子、公正地对待孩子，尊重他们。正是这爱，使孩子们感受到老师的关心，让他们在亲切、安全和信任的环境中茁壮成长。

曾经在我的班中，有个学生有着不寻常的家庭背景。几年前，他的爸爸因犯罪被执行了枪决，电视台和报纸都进行了相关报道。这之后，他似乎完全变了一个人，整天心事重重，不再有笑脸，也不与别人多说一句话，成绩更是直线下降。我心里替他难过，开展家访并与他的妈妈倾心交谈。他对妈妈说："妈妈，我老是想哭。"他妈妈问："为什么呀，是不是别人欺负你了？"他摇头："没人欺负我，我就是想哭。"往往说着说着便哭了起来。我能想象他的痛苦和心理压力，在学校尽力给他更多关注。在我和他母亲的共同努力下，渐渐地，他有了一些改变，脸上有时会浮现久违的笑容。为了让他对学习更有信心，除了我固定给他补课以外，我们还有一个约定，只要他能按时完成作业，就给他奖励，渐渐地，他能做到按时交作业了。另外，他的字写得很漂亮，曾在班级的书法比赛中获得过一等奖。我利用这一闪光点，推选他为学校的值周生，意在培养他的成就感、责任感。学校去年成立了少年军校，我鼓励他参加，意在通过军校的训练磨炼他的意志、提高他的觉悟。现在的他已经基本走出了阴影，成为一名品学兼优的学生。

工作中，我对每一名学生都一视同仁，会用自己的真诚与行动去关心、爱护他们，让他们真切地感受老师的关心、老师的爱，从而亲其师、信其道。

(2)学生个人的成长离不开集体，集体的进步助推个人的健康成长。

在班级管理上，我把"诚实、守信、勤奋、自强"作为班训。在班中，树新风，树正气，让学生明白自己要做怎样的人、如何做人。为了有效地开展班级管理工作，我尝试营造"严而不板、活而不乱"的班级氛围。

其一，以德示人。教师的天职就是教书育人，培养学生有道德、有理想、有责任感和进取精神，使其逐步养成良好的生活、学习习惯与优秀的道德品质，这对促进学生个性发展、全面推进素质教育尤为重要。常言说："身教重于言教"，在班级管理中，凡是要求学生做到的，我首先带头做到。这种言传身教的教育方式在班风形成的过程中起到了非常好的效果。

其二，以情感人。班集体的每一名学生都是具有独特个性和感情的个体，就像一本书，蕴含着丰富的世界，教师必须细心地研读。亲其师，方能信其道，情感交流是开启学生心灵之窗的关键所在。我们班单亲家庭的孩子比较多，我会加强与他们的沟通，处处关心、爱护他们，用情感架起一座师生关系的桥梁。

其三，以理服人。不同学生的个人经历、家庭背景各异，个性、能力有别，如何对他们开展教育和管理工作呢？讲理是关键。在遇到违纪问题时，我一般不采用"你必须怎样做""你不应该怎样做"等一类表述，而是针对不同的学生、不同的个性找准切入点，做到以理服人。

其四，以章律人。依靠各种规章制度，可使管理工作科学化、程序化、规范化。我的做法是，开学时就根据学生和班级的实际情况商定好班规、操行量化评分细则。为使制度落到实处，班级设有周最佳个人评比、月最佳小组评比。评比制度大大调动了学生参与活动的热情，也体现了"学生管理自身，集体教育个人"的治班思路。

其五，以志激人。我经常用一些自学成才、家境贫困而努力求学的事例来激励学生，并通过多种方式帮助他们树立理想、明确追求，增强其责任感、使命感和危机意识，以培养学生学习的主动性和进取精神，力求将学习情绪调整到最佳状态，正所谓"水击石则鸣，人激志则宏"。

张京京老师在教育领域默默奉献了多个春秋。多年来，他始终坚守着"不断追求教育的完美"的信念，秉持师者之心，肩负使命，致力于为学生

提供优质的教育。在教育教学过程中，张老师不仅用爱心温暖着每一个学生，更用智慧引领他们走向自信、光明和成功的道路，为教育事业贡献了一份力量。

孙宇：
做一个懂爱的人

"师者，人之模范也。"帮学生扣好"人生第一粒扣子"，引导学生"做一个懂得爱的人"就是我的带班育人理念。我在进行班级建设时设定下一个基调，那就是"以爱为圆心"，以每个孩子成长轨迹为半径绘制出一幅和谐美好的"童心圆"画卷。

在负责班主任工作时，我谨记"身教重于言教"，非常注意自身言行对学生的影响，要求学生做到的，自己先做到，而且要做得更好。班中有个喜欢弹吉他的女孩，总是做不到坚持练琴，我在与她交谈的过程中发现她也为自己不能持之以恒而烦恼，我提出每天早晨七点到校陪她练琴。就这样，一坚持就是一个学期，有时她不想坚持了，但看到我早早地在教室等候，第二天她不仅会早到，还会练得更认真。时间长了，有同学也提出愿意陪她练习。为了不影响她练琴，其他同学在清晨悠悠的琴声中轻声慢步地走进教室。爱无声地在同学之间传播着。经过近一年的努力，这个腼腆的女孩被选入学校电声乐队且成了主力队员，她的脸上多了自信的笑容。

多年的班主任工作让我认识到，只要懂得欣赏，总能在学生身上发现独特的美好。

习近平总书记多次指出，应将师德师风建设置于至关重要的地位。广大教育工作者需秉承无私奉献的精神，用真挚的热情、毫无保留的奉献精神和深切的关爱，积极投身于伟大的教育事业之中。孙老师正是这样的典范，她以爱心滋养孩子的心灵，倾心关爱每一个孩子的成长。正是她无私的奉献和深沉的爱，让众多学生如花儿般绽放。

我们身边的模范众多，他们彰显出忠诚、执着、朴实的品质，秉持的是"为党育人、为国育才"的初心和使命。身为教师，我们应把他们当作楷模，以"四有"好老师的标准来约束自己，成为高尚师德的践行者、人文精神的传播者、教学研究的探索者、学科教学的引领者。

三、燃烧激情，成为他人的灵魂导师

"闻之不若见之，见之不若知之，知之不若行之。"此言强调了向榜样学习的重要性，并提倡学做结合、知行合一。身为教育者，我们应以身作则，成为他人学习的楷模。

1. 校长应成为师生的榜样。苏霍姆林斯基曾指出，有怎样的校长就有怎样的学校。在我国，这一观点深入人心，并形成了共识：一位优秀的校长就意味着一所优秀的学校。这一观点强调，校长应以身作则，成为师生

的楷模。在此，我分享自己在言传身教方面的思考与实践。

———————————————————————————

做校长 20 多年了，我深深感受到，校长是学校的领导者，校长的行为有助于塑造学校的文化和氛围，只有以身作则，才能赢得师生的信任和尊重，才能让师生更愿意接受其领导和管理。

做校长，既应该在遵守学校各项规章制度、无私奉献等方面身体力行做教师的表率，更应该在自觉学习、不断创新上做教师的楷模，引领教师与时俱进、跟上时代发展的需求。

做校长的第二年我就有幸参加第三届全国小学校长高级研修班，踏上了年轻校长的专业成长之路及引领教师一同学习的成长之路。从 2002 年起，我坚持每个学期以自己学习的感悟和时代对教师发展的要求为内容给教师做培训，"新时代我们如何做教师""互联网＋'时代的教育变革""以改变应万变""给孩子以未来"等，回过头看，20 多年的坚持也是蛮了不起的，记录了自己一路走来的路程，也成了呼家楼中心小学每个新学期的"传统项目"。

我一直认为，一个人的视野决定他的认知，认知决定发展。而教师的视野与知识领域的宽度必将影响学生的学习兴趣及未来的发展。我在思考也在行动，大量的业余时间不是在学习就是在学习的路上。在儿子出国留学的四年间，我的业余时间几乎都泡在高校各类的培训班中，别人都好奇地问我，学那么多跟教育教学不沾边的知识为什么呢，耽误那么多时间，我说，为了跟儿子有共同语言。这可能只是初衷，越学习越是觉得教育必须与社会对接，管理上也有很多可以借鉴的地方，同时，教育也是可以输出的。我从一个普通学员成长为北大博雅商学院家庭教育客座教授，向企业家们输出家庭教育理念与育儿方法。我把学习培训内容进行甄别与筛选，把适合的优质资源带回给老师。我走进北京大学学习的企业管理、走进中国人民大学学习的"马克思主义哲学"、走进清华大学听教授讲的"非暴力沟通"，等等，这些培训课程通通被我纳入我们学校教师培训的"菜单"。带着教师走进阿里巴巴学习企业文化，走进产业园感受创新文化，这就是呼小教师培训的与众不同吧，即使是退休或者调出学校的教师，即使过去了若干年，老师们回忆起来仍是记忆犹新、津津乐道。

我们做过调研，呼家楼小学在同行和家长的评价中排在第一的高频词是"创新"。创新来自开放的心态，来自敢于拥抱未来的勇气，来自在快速变化的世界中持续学习的动力，在这其中，校长的站位与引领，校长的率先垂范、以身作则，至关重要。只有教师不断进步和提升，才能有效促进学生的全面发展，人才才能辈出，教育才有希望。

校长个人的品质和行为举止直接影响学校的发展。作为校长，我应当以身作则，全身心投入教育事业，成为师生的榜样。

2. 教师应成为学生的榜样。叶圣陶先生曾言，教育工作者的全部工作就是为人师表。在教育教学过程中，教师的一举一动皆可能对学生产生深远影响。身教较之言传更为重要，对于教师而言，不仅要在学术上达到"学高为师"的标准，更应恪守"身正为范"的信条。清华大学校长梅贻琦先生曾提出"从游论"的观点："学校犹水也，师生犹鱼也，其行动犹游泳也，大鱼前导，小鱼尾随，是从游也，从游既久，其濡染观摩之效，自不求而至，不为而成。"

我校李健老师结合自身情况分析了"言传身教"的重要性，在日常生活与教育教学中他严格要求自己，为学生成长树立了良好榜样。

李健：
从数学角度谈"言传身教"

数学是一门逻辑性很强、思路清晰的学科，作为一名小学数学教师，激发学生对数学学习的热情，培养他们用数学视角观察世界、用数学的思维分析世界、用数学语言描述世界的能力，是我肩负的重要使命。

数学里有个温柔又霸道的词："有且仅有"。这个词语虽然简短，却蕴含着一种不可抗拒的魅力。它象征着数学证明中所需要的绝对严谨性。它像一位严谨的绅士，用数学的语言表达着独有的温柔和坚定。数学教师就像这个严谨的绅士一样，要以身作则，为学生树立好榜样，让学生爱学、乐学，不断提高数学学习的效率。

苏联教育家加里宁指出，教师任何时候都不能忘记，自己不单单是一个传授知识的人，而应是一个教育家，是人类灵魂的工程师。教师的一言一行、一举一动都会影响学生，要以严谨的教学风格和一丝不苟的工作态度来影响学生。上课时，着装要朴素大方，语言要清楚明白、逻辑清晰。板书要整齐，书写要规范。好的板书设计、语言表达、仪容仪表可以在无形中给学生美的享受，陶冶学生的情操。

数学教学中的许多内容都比较抽象，学生理解起来有不少困难，我就结合自身的教学经验培养大家的学习兴趣，因为教师的职责不是单纯教授学生课本内容，而是要教学生学习的方法，探索数学之美。为此，在平时教学中我做了许多积极引导：对于一些抽象问题，采用直观形象的具体事例，提倡多动手操作，利用几何图形引入；对于某些不易理解的概念、定义，则是有意识地引导学生从实际问题中透过现象看本质，顺理成章地推导出这些重要概念；在概念内容的教学中体现数学发现的思维过程，在理论内容的教学中充分运用探索式、发现式、启发式等教学方法，在实践内容的教学中着眼于学生发散思维与聚合思维的培养。

英国作家罗·阿谢姆曾言："一个榜样胜过书上二十条教诲。"教育学家洛克亦指出："没有什么事情能像榜样一样温和而又深刻地打进人们的心里。"教师身担启蒙、解惑之职责，自当持之以恒地严以律己，为学生树立身边的榜样，李老师正是这么做的。

4

于共悟共思、自省自修中成长

　　师德是教师最基本的职业素养，是教师群体应当秉持内心、付诸实践的作风与品质。对师德的培育并非一劳永逸，而是一项系统工程，需要学校与教师双方长期、持续地合作与投入。为了促进教师师德的不断提升，我校从学校管理和教师个人发展两个层面着手，引领广大教师致力于师德的涵养，以实现以德立身、以德施教、以德兴教的崇高目标。

一、从学校层面出发，于共悟共思中修炼师德

　　独学而无友，则孤陋而寡闻。师德涵养和学习一样，皆需互动交流，携手共进。因此，学校应充分利用其凝聚力，将一群"热衷于学习"的人汇聚在一起，让他们在多个平台上共悟共思，共同探讨，以不断提升师德

品质。

1. 搭建学习培训平台，助力教师终身学习。学校应建立健全教师学习培训平台，借助外部资源推动教师积极参与各类学习培训活动，切实提高教师参与度和活动成效，使教师在平台中不断提升自身学习能力，强化自我修养。

在教师学习培训方面，为了促进教师共同思考与体悟，使其在感悟和思考中提升自我，我校组织了一系列活动。

我校定期举办全体教师参与的学习培训活动，通过邀请专家开展讲座和购买线上资源学习的方式，全面提升班主任在师德和专业能力方面的素养，使他们借助外部力量进一步修炼师德。

以师德师风建设为核心，学校工会组织开展了"教师文明课堂"和"新时期教师师德底线要求"等专题教育活动，同时组织教师学习《中华人民共和国教育法》《中小学教师违反职业道德行为处理办法》等相关内容。在此过程中，教师对照学习内容自我反思，不断调整自身行为。

为进一步强化师德师风建设，学校围绕"四有"好老师和"四个引路人"的要求，组织全体教职工开展对《朝阳区新时代师德行为规范》的学习和相关警示教育。通过落实师德师风师纪"一票否决"制度，强化教师行为规范制度的执行，不断提升师德师风标准，树立起为人师表、关爱学生的师德典范。

2. 搭建分享展示平台，助力教师展现风采。除了激发教师个体的主动性、积极性和自觉性之外，还需强化外在的激励与鞭策。学校构建分享展示平台，让教师在分享交流中借鉴他人的经验，自觉发现并修正自身不足，以达到激浊扬清、激励奋进的作用。同时，优秀的教学经验和做法亦在展示过程中得到认可与推广，教师们在相互学习中共同成长。

在分享展示方面，为推动教师间的互学互鉴，我校根据实际情况，组织了系列活动。

为进一步提升教师队伍的整体素质与专业能力，强化师德修养，彰显新时代教师的精神风貌、展现教师人格魅力，我校依据学期"立德树人"的工作要求，组织撰写育人故事，并在六个年级组中开展了"讲述个人教育故事"的活动，借此鼓励教师在"讲故事"的过程中自我反思，相互借鉴。

结合区教委举办的名师展示活动，我校积极总结和宣传先进教师的教育理念、教育手段，倡导爱岗敬业、教书育人、乐于奉献的师德风范。通过邀请党员骨干或学科骨干进行引领分享，使教师们能在分享中感受到榜样魅力，进而实现自我提升。

3. 搭建考核监管平台，助力教师积极工作。建立完善且高效的考核监管机制，对于师德建设的保障作用至关重要。这一举措不仅有助于激励教师自我提升，还能促使他们在坚守道德底线的基础上，不断超越自我，追求更高的品质。

在考核监管方面，为了进一步加强师德建设的规范化和常态化，我校采取了一系列措施。

在深入学习和理解《中小学教师职业道德规范》及《朝阳区教职工师德文明行为规范》的基础上，呼家楼学区召开了教代会，审议并通过《呼家楼学区教师文明课堂十个细节》和《呼家楼学区教师师德底线》的制定。这一举措旨在进一步推动呼家楼学区教师文明课堂十个细节的深化落实，以及明确新时期呼家楼中心小学教师师德规范行为底线要求，从而细化对师德的评价标准和方式。我校要求全体教职工对师德进行专项自查反思，发现问题并提出整改措施，以此建立健全师德监控机制。

根据上级文件要求，我校制定了师德考核方案，并组织学习了《新时代朝阳区中小学教师职业行为十项准则》。在明确各学科教师岗位职责的基础上，教育教学行政要加大对过程检查和监控的力度，确保全体教师底线一致。

才者，德之资也；德者，才之帅也。好的教师风格各异，好的师德不可或缺。学校应从教师的实际需求出发，搭建支持平台，协同教师共同努力，相信崇高的师德定能得以弘扬、传承后世。

二、从个人层面出发，于自省自修中提升自我

教书育人，师德为先。在很大程度上，师德被视为教育中的关键因素。自觉提升师德水平，既符合新时代教育工作的需求，也是我们每一名教育工作者应尽的责任，更是确保学生在和谐、温馨、积极、进取的校园环境中茁壮成长的基础。师德修养并非仅依赖外部支持，更重要的是从自我出发，通过自省自修，不断提高个人师德素质。

1. 师德修炼，在自省中成长。鲁迅先生曾言："我的确时时解剖别人，然而更多的是更无情面地解剖我自己。"[①]一位师德修养良好的教师，必然

---

① 鲁迅：《鲁迅全集》第 1 卷，284 页，北京，人民文学出版社，1981。

是一个习惯于自我反思的人。那么，如何进行自我反思？我校两位教师分享了他们的教育小故事，展现了他们在教育实践中如何进行自省，以不断提升自身的道德品质。

黄孟钰：
急与缓

我从小便是个急性子，小时候急着完成老师布置的作业，长大后急着完成工作中的任务，身边人都觉得我做事效率高，我也从不觉得"急"是一件坏事。但成为老师后，很多人、很多事开始让我思考：有时候慢一点、缓下来，是不是也是一件好事？

我与班里莫莫同学共同经历的一些事就引发了我这样的思考。莫莫是我带的第二个班中的一名学生，我本以为有了第一个班的带班经验积累，带第二个班会轻松一些，但开学第一天莫莫同学的出现就打破了我的设想。

孩子们会被提前告知自己所在的班级并自行走到教室中，但莫莫却是由老师领着进班的。最初，我心想第一天嘛，没记住是哪个班的很正常。可第二天，同样的场景再次出现。我便开始观察，莫莫好像对什么事情都不太关心，语言表达能力也很有限，上课时间也不能踏实坐着，小嘴巴也不闲着，总是发出让人听不明白的声音，我们对话，不是他听不懂，就是我听不懂……

我对他从开始的疑惑到后来的不知所措，心里着急却一点办法都没有。放学后，我第一时间找到他的家长了解情况，才知道莫莫确实有些特殊，1 岁左右忽然就不说话了，直到 5 岁左右才恢复，医院也没有诊断出原因。莫莫的生理及心理发育都有些缓慢，这真是把我"急"坏了。

一开始，我每天都很焦虑，不知道怎么才能与莫莫沟通，帮他与同学拉近距离。一段时间后，我决定缓下来，先从观察他的一举一动开始，多找他聊天，放慢节奏，慢慢沟通。

渐渐地我发现，因为我的"急"，莫莫之前的很多行为没有被发现、被理解。他忽然拍一下同学的肩膀就跑开，是想和同学玩，是想交朋友；他上课突然离开座位跑到同学的座位旁，碰同学的书包，并不是扰乱课堂秩序，而是发现同学的书包快要掉下去，想要帮着把书包摆正；他忽然大声喊叫并将桌子推倒，并不是无故发脾气，是想要表达而语言跟不上，因别人理解不了自己的想法而着急、委屈……在一天天"缓"下来的节奏中，我慢慢发现曾经因为我的"急"而没有看到的莫莫的闪光点，他善良、热情、细心，有那么多的优点。

反思之后，我开始引导莫莫用正确的方式和同学交朋友、用简洁的语言和同学交流、用更恰当的方式表达自己情绪上的波动。同学们越来越喜欢与莫莫相处，越来越能发现莫莫的优点，他们互帮互助，一起成长。

陈凤琴：

记得

　　一天早上，我正在操场陪学生做体育锻炼的时候，偶遇两名同学，其中的"郝一诺"(化名)被我一下子就叫出了名字，在升旗仪式上我刚给这个获得绘画大奖的小姑娘颁过奖。而随行的那名同学我看着眼熟却怎么也想不起来了，我不好意思地看着他，"我怎么忘记你叫什么了呢?"孩子并不尴尬地回应道："书记，我叫'唐佑铭'(化名)，'铭'是左边'金字旁'右边'名'字的那个'铭'。"我一下想起来了，记得上次孩子介绍自己的时候我还问了他是哪个"铭"字，孩子就是这么回答的啊！我连忙道歉，孩子却说："书记，没事，没事！可能是我今天换了件衣服，所以您没认出我。"多么可爱的"唐佑铭"！用他的大度帮我下了台阶。

　　看到两名学生远去的背影，内心不由升起一份感慨：前世的五百次回眸才换来今生一次擦肩而过，那需要前世多少次回眸才换来今生师生情缘呐！学科老师也好，班主任也罢，只是孩子们漫漫成长旅程中一小段旅途的陪伴者、指引者。何其有幸，能陪伴眼前这一拨孩子共度一段美好的童年。

　　回忆过往，在众多的教育现场我们曾多少次抓住孩子们的"小辫子"不放，然而孩子们却在用一次次的大度给我们上了一课又一课。

　　第二天早上我很早就来到学校，在校门口等他。远远地看到了他，我们彼此挥挥手，打着招呼，我拉着他在操场上拍照，并告诉他："唐佑铭，我再也不会忘了你的名字！"我想我的出现不仅给了唐佑铭一个小惊喜，也给操场上的孩子们带来了一份小感动！

在教育教学实践中，两位教师均能及时反思并总结经验，成功化解问题。在自省的过程中，他们不断提升自我，并以实际行动影响学生，在自省中与学生共同成长。

曾子曰："吾日三省吾身。"对于教师这一职业，自我反思是其不可或缺的品质。在反思中，教师可提升自身的道德判断力、领悟力及执行力。因此，教师应在教育实践中不断进行自我反思，唯有真诚且准确地反思，方能实现变通，升华师德修养。

2. 涵养师德，在自修中超越。"学高为师，身正为范"这一古训强调了教师必须具备高尚的道德品质，才可能引导学生走上正途。教师需经过持久不懈的努力，自觉地提高自我修养，在这个过程中明确方向、掌握途径显得尤为关键。

首先，树立守法意识，坚守道德底线。法律与道德相辅相成，如同车之二轮、鸟之两翼，不可或缺。守法始于立德，立德必先守法。教师承担"传道、授业、解惑"之重任，遵纪守法为最基本的道德要求。教师应心怀敬畏，学法知法，遵法守法，自觉以法律规范自身行为。

其次，强化学习，培养终身学习意识。陶行知先生曾言："要想学生好学，必须先生好学。唯有学而不厌的先生才能教出学而不厌的学生。"当今时代知识更新速度迅猛，教师应具备"一桶水"之底蕴，秉持终身学习的理念，不断汲取新知识、新技能，拓宽知识领域，更新知识体系，进一步提升教育教学水平。

最后，修身立德，严格要求自我言行。知识可言传，德行需身教。教师须在品德、修养、人格方面树立榜样，让学生"亲其师""信其道"，从而影响、感召、熏陶学生。将修身立德作为职业基本要求，内外兼修，提升品质，时刻反省自身言行，坚守职业操守，规范从教行为，真正做到"学为人师，行为世范"。

总而言之，在新时代背景下，唯有持续推进教师师德建设，方能适应时代之需。教师职业道德为教师职业发展的基础条件，教师应积极投身于道德修养的提升，持续加强自我学习，保持谦虚谨慎，不断提升自身的思想境界。

树木十年，树人百年。自孔子这位万世师表，至鲁迅笔下的藤野先生、时代楷模张桂梅，以及众多一线教育工作者，教师在传授知识之际，亦赋予我们人生初始的温馨与力量。新时代师德建设亟须汇聚各方力量，促使教师在共悟共思、自省自修的过程中不断提升，让教育因崇高师德而独具魅力！

5

真实德育，激扬生命成长

2018 年 1 月，中共中央、国务院印发了《关于全面深化新时代教师队伍建设改革的意见》，明确提出了"德"在新时代教师队伍建设中的重要地位，强调必须全面加强师德建设，并要求广大教师以身作则，以德施教，以德育德。这一要求无疑对广大一线教师提出了新的挑战，要求教师以自身的"师德"引领和培育学生的"生德"。

然而，如何育学生的德，育学生的何德，成为一线教师亟须解决的难题。我校多年来一直重视德育教育，并在实践中对于"怎么育德""育什么德"有着自己的思考与行动。我们的教师通过实际行动践行着德育教育，积极推动着学生的成长。

一、潜心思索，绽放德育工作的璀璨光芒

"才者，德之资也；德者，才之帅也。"德乃立人之本、立校之基。德育关乎生命成长、关乎学校发展。在当前社会背景下，德育工作的现实意义更加凸显。我们需要深入思考德育工作的现实意义，以更好地推进德育工作的进步与发展。

强化德育工作，有利于落实教学目标。当前，我们的德育工作目标在于培养具备政治认同、道德修养、法治观念、健全人格和责任意识的新时代少年。然而，学生的良好道德素养并非一蹴而就，而是需要长期塑造的。因此，我们可以将日常教学与德育工作相结合，从学生的日常点滴出发，潜移默化地培养其良好的生活习惯和道德素养，从而促进学生全面发展，更顺利地实现教学目标。

强化德育工作，有利于提升学生辨别能力。在互联网时代，虽然信息获取便捷，但小学生更容易受到各种不良文化的影响。因此，加强德育工作对于提升学生的辨别能力至关重要。通过德育工作，我们可以帮助学生形成正确的辨别能力，抵制不良文化冲击，培养学生的社会责任感和良好的道德品质，这对于学生的健康成长具有重要意义。

强化德育工作，有利于学生建构正确价值观。小学生正处于思想及观念发展的关键时期，容易受到外界因素的影响。加强德育工作有助于学生建构正确的价值观，培养准确的判断力，确立积极乐观的情感价值观。这对于学生的未来成长具有深远的影响。

师德建设的初衷是借助教师的品德，培育学生的品德。因此，我们需要高度重视师德建设，加强德育工作，以更有效地实现育人的目标。只有这样，我们才能全面履行立德树人的根本任务，培育出品德高尚的学生。

二、探索之路，探寻德育工作的千丝万缕

古罗马哲学家塞涅卡曾言："内容充实的生命就是永恒长久的，我们要以品行而不是以时间来衡量生命。"要实现思想品德教育的效果，除了具备优质的育德资源和把握适当的育德时机，还需采用科学的教育方法。教师在教育教学工作中应善于运用科学方法，将德育工作与学科教学和学生生活实践紧密结合，以促进学生在实际生活中养成良好的品德。

1. 在学科教学中渗透德育。教育家苏霍姆林斯基曾说："课——是点燃求知欲和道德信念火把的第一颗火星。"教师必须充分发挥课堂教学的主导作用，立足于教材，准确找到切入点，将德育融入学科教学之中，并贯穿于教学的各个环节。

我校李少英老师是美术教师兼班主任，强调以"美"为载体，将"美"融入学生的日常生活之中。她注重培养学生的行为美、语言美、道德美，以此落实立德树人的根本任务。李老师的做法体现了教师将德育与学科教学相结合的实践，是值得我们学习和借鉴的。

李少英：

以"美"为载体 立德树人

我是一位美术教师，也是一位班主任，我喜欢在工作中发现美、展示美，我认为审美是教育的精髓，包括行为美、语言美、道德美。因此，在开展班主任工作时，我努力探索自己的教育特色，以"美"为载体，有效落实立德树人的教育目标。

(1)劳动最美——人人有事做，事事有人管，培养学生的责任感与使命感。创建班集体的自我管理机制，是发挥、发展学生自主性、能动性、创造性的基础。班集体自我管理的本质是：学生是集体的主人，人人主动参与和积极创建集体的生活，从而使班集体自我管理成为发挥、发展自主性的舞台。

(2)上进最美——每天进步一点点，不断完善自己的人格。营造良好的学习氛围，从课上、课下培养学生的学习兴趣，通过一些活动，如"我是演说家""给妈妈写首诗""新闻播报""明星展示""优点大轰炸""主题辩论赛"等，发挥学生的想象力、动手能力，给学生提供展示的平台，使学生在各种活动中端正态度、增长才干。课外活动时，同学们玩踢毽子、跳皮筋、跳绳，我有时会加入他们的行列，有时会站在他们的旁边，看着他们，好似回到了童年。

(3)参与最美——在多姿多彩的活动中，学会合作与交往。我结合自己班的实际情况，运用寓教于乐的游戏、绘本故事的形式进行教育。同学们在游戏中分享自己的感受，从故事中收获为人处事的道理。在一次班会课上，我让每个组的第一个同学到前面来，轻声地在他们耳边说了一句话，让他们用这种方式依次传给后面的同学，每组最后一个同学说出的都不是我说给第一个同学的那句话，从这个游戏中同学们分享了自己的感受：如果不亲眼见到、不亲身经历，不要随便传话，或听取谣言，谣言止于智者。

(4)感恩最美——在集体中一路前行。在几年的磨合中，同学们就像兄弟姐妹，班级也有了家的氛围，大家相互支持，在一个温暖的集体中成长。我们不断提出新的共同的奋斗目标，寻找鼓舞自己前进的力量，班集体就是在一个接一个的目标的实现中更加团结和不断成长的。

我希望我能做学生的伯乐，运用我的专业知识，用美术的形式，立德树人，在快乐教育中让孩子发现自己最大的潜力，让他们绽放自己的光彩！

---

2. 在相关活动中渗透德育。活动是促进学生德育发展和心灵成长的重要途径。这些活动涵盖了多个方面，包括学科教学中的探究和讨论活动，以及班级集体组织的各种活动。无论活动的类型如何，教师都应该灵活地利用这些活动，有机地融入德育教育，这也是德育教育科学性的体现。

我校杨红娟老师利用庆祝"六一"的活动，成功地帮助一位缺乏自信的学生展现出自己的光彩。这次活动不仅成为孩子人生中的重要经历，也让她更加愿意敞开心扉，变得更加自信和快乐。

杨红娟：

绽放的含羞草

在 20 多年的音乐教学过程中，我发现相较之前教过的孩子，现在的大部分孩子都很开朗、健谈，特别愿意大胆地展示自我。在这样的一群孩子中，有一个女孩显得格格不入，她的名字叫琪琪。在音乐课上她从没有主动举过手，更没有开口唱过歌，被叫到名字她会显得非常局促不安，连话都说不出来。

我和她的家长沟通过多次，家长也为孩子的这种状况担忧，但没有好的解决办法。课外我留意到琪琪并不是不愿意交流，她有好朋友，而且课间和她的朋友也能有说有笑的。渐渐地我发现琪琪虽不善言谈，不敢展示自己，但是和朋友在一起她就能放松很多，于是我想到了一个方法。

在庆"六一"活动中，我特意安排琪琪和她的一个朋友担任班级节目的领舞。起初琪琪不知道有朋友和她一起跳，所以拒绝了，但我告诉她还有小宁和她一起跳时，她同意了。在最初的训练中，琪琪特别紧张，记不住动作，口罩总是戴得严严实实，每次都是在我的劝说下才摘掉口罩，我知道她不自信，想用口罩掩饰紧张的表情。其实对这样的安排我也有过一丝后悔，因为她的表现对全班的整体状态影响很大。但如果中途换掉琪琪，她可能会觉得老师不信任她，对她的打击可想而知。于是我改变了策略，不再给她俩规定动作，而是让她们按照音乐的情绪自己创编动作，而且对她的每一点进步都及时地鼓励。渐渐地她放松了很多，脸上的表情也生动了，我也从鼓励变成了发自内心的赞美："琪琪你的动作特别地大方，表情太美了。"

正式演出那天，琪琪穿上了新买的白色蓬蓬裙，精心梳了头发，表演特别成功，手捧党旗的她笑得是那么灿烂。第二天放假在家，我收到了琪琪妈妈的信息，她说："感谢杨老师给孩子这次宝贵的机会，孩子特别特别高兴，自信心大涨，这会是她人生中重要的一课。"

作为一名普通老师，我的成就感很少来自教出优秀的学生，因为有些学生本来就很优秀，老师的作用并不是关键。发现闪光点、托举相对普通的学生，帮助那些需要帮助的学生才是教师面对的最大挑战和成就感源泉。

我校杜炜老师也精心策划了一场别具一格的慰问活动。通过这样的活动，学生不仅能够参与其中，更能在实践中接受德育的熏陶，不断提升自身的品德修养。

杜炜：
一次别开生面的慰问活动

2018 年，是我所带班孩子们小学生活的最后一年，他们即将步入中学，我希望新年联欢会别有新意，为他们的小学生活留下美好的回忆。于是我和家委会的家长们商量，准备搞一次慰问活动，地点就选在北京市第一福利院。因为我认为不管你拥有多少知识和财富，如果不懂得做人的道理，那就不会获得真正的成功和幸福。学会做人，对于同学们而言，首先要关爱他人，继承和发扬中华民族的优良传统美德，尊老爱幼，团结互助。于是这次的活动主题就定为"福祉源自关爱，利乐启于仁心"。

方案确定下来，正值期末复习阶段，为了不打扰孩子们学习，我利用周末休息时间和家长们私下完成了准备工作。12 月 30 日这天放学前，我和孩子说了新年的活动安排，孩子们很兴奋，提议要赶排一些节目。他们很快排演了十个节目，有女声小合唱、诗朗诵、女声独唱、钢琴独奏、单簧管独奏、大合唱……作为班主任，我也必须参与进来，我决定和陆心然合作朗诵《老人与海》。排练的时间有限，为了给那些孤寡老人带去欢乐，他们练习到很晚。

慰问演出受到了老人们的热烈欢迎，老人们和班里的 4 个姑娘合唱了《送别》，全班还和老人们合唱了《歌唱祖国》，把联欢会推向高潮。最后当我们齐声祝爷爷奶奶"新年快乐、福如东海、寿比南山"的时候，老人们热泪盈眶，当我们的孩子把印满"福"字的红围巾戴在老人们脖子上时，老人们搂着孩子们笑了。活动结束后，孩子们主动打扫会场，搬椅子，与以往不同的是在这次活动中，孩子们安安静静，有的帮助老人推轮椅，有的搀扶老人，让我看到了不一样的他们。我也希望通过这次活动他们能有所成长。

我校鹿淼老师积极整合 PDC 项目资源，与学生共同开展了"让生命发光——'粽子家族安家记'"PDC 实践项目。通过此项目，学生们不仅全面提升了自身的综合实践能力，同时也在富有趣味性的德育实践中，涵养了爱心与责任感。此项目成功将德育理念转化为生动实践，实现了德育工作的落地生根与开花结果，充分展现了我校德育工作的扎实与有效。

鹿淼：
让生命发光——"粽子家族安家记"

疫情突发之后，呼家楼中心小学的校园里迎来了"粽子"家族——四只小兔子。学校里怎么养，人和动物能和谐相处吗，成为同学们面对的问题。一场真实发生的生命教育德育活动——"粽子家族安家记"PDC 实践项目拉开帷幕，自主设计、自主管理、自主成长的历程开始了。

(1)关注问题·自主倡议·民主决策

三名同学共同发起"粽子家族安家记"PDC 实践项目，尝试组团解决问题。三名同学先进行了视频会议，会后，他们用 Mindmaster 思维导图软件呈现了项目研究内容的脉络，由四个驱动问题勾勒出活动倡议的主线。

(2)组建团队·盘活资源·激发内驱

带着四个驱动问题，三名同学作为学校"学生自育机制"中最小的团队，在校会上发起了热情洋溢的活动倡议，为后续的活动埋下了主线。倡议发出后，实践处处都是挑战。三名同学力量有限，组建团队才是关键。

(3)真实入境·融合育人·共享美好

在真实的情境中，发现真实的问题，用实践探究来尝试解决问题。"粽子家族安家记"引发了学生的探究兴趣，在团队合作中找到了人与人协作的方式，在共建绿色生态圈时，彼此给予力量，且彼此制约监督，得到了多方面的发展。尽己所能，让责任感由心而生；友善陪伴，让生命成长得到呵护；和谐共融，让学校成为疗愈心理的温暖场域。

---

3. 在对突发事件的处理中渗透德育。在教育教学过程中，突发事件有时也可以转化为德育的重要资源。教师如果能够巧妙地处理这些突发事件，可以使之成为对学生进行德育的契机。我们应该充分认识到突发事件在教育教学中的德育作用，积极应对、妥善处理这些事件，为学生树立正确的道德榜样，促进他们的全面发展。

我校王冬梅老师的育人故事《教师节的礼物》就很好地体现了在面对突发事件时，教师及时反思，有效应对，从改变自我做起，用自身言行影响学生，给学生上了一堂生动的道德教育课。

王冬梅：

教师节的礼物

一年一度的教师节又到了，刚进校门就感受到了快乐的味道！可当我刚一上楼梯就听到自己班里乱哄哄的，只见班中最闹腾的小康抱着书包在班里来回地跑，后面还有几个同学穷追不舍，其他同学则站在那里给小康加油助威……见此情景，我的火气冲到了脑门，我甚至有些愤怒地叫道："小康，你给我站住！故意捣乱是吧！"

小康闻声一惊，慌忙地站在那儿："不，王老师……"

"我都看见了，你还想狡辩什么?"我生气地打断了小康的话。

此时教室里因为我的话变得格外安静，大家都将目光转向班长，班长怯生生地站起来："王老师，小康刚才不是在追跑打闹，而是他的书包里装了大家送给您的教师节礼物，我们怕同学们都知道了说出去，所以就让小康装书包里了！"

听了班长的话，我一下子愣住了：不分青红皂白地就冲学生乱吼，这下我该怎么收场？道歉？那以后这群淘气包我还"压"得住吗？不道歉？可今天的事的确是我错了！我一时间没了直视他们眼睛的勇气。

过了好一会儿，我才走到小康身边对他说："小康，真抱歉，我错怪你了！""没……没事的！"他嗫嚅地说，然后从书包里拿出来一个漂亮的小盒子，上面歪歪扭扭地写着"王老师！五三班全体同学祝您教师节快乐"，一看就是小康的笔迹。

拆开包装，里面原来是一盒巧克力！

"孩子们！谢谢大家，你们的心意我领了！巧克力我就不要了，因为老师太胖了！"我半开玩笑地说。"我就说嘛，老师不爱吃巧克力！小康偏说爱吃，这下糟了吧！"不知是谁说了这么一句。

此时，我分明看到孩子们脸上的失望，尤其是小康。"老师，开学那天，咱班小新头晕时您就给他巧克力来着，我都看到了！所以我才说您爱吃巧克力的！"说完小康抹起眼泪来。

我怕同学们再责怪小康，忙说："其实我爱吃，但是我的确有些胖了，要不巧克力大家一起吃？"

"好！"孩子们齐声地大喊着，露出了笑脸，刚才的误会被抛之脑后。反思后，我郑重地向全体同学许下了三个承诺：我今后不会在没有弄清事实之前，就乱批评大家；大家可以找我说悄悄话，我一定替大家保密；认识到错了就要主动承认，我要和大家一起努力，让我们的五年级三班变成一个温馨的大家庭！

听了我的话，刚才紧追小康的几个同学站了起来，主动地向大家承认了错误，并承诺今后绝不再追跑打闹。

教师节的这场误会给了我深刻的教训，我暗下决心，今后要做一个智慧型的班主任！这也是在教师节那天孩子们送给我的另一份珍贵的礼物！

教育家陶行知提出的"生活即教育"的理念凸显了教育在生活中的普遍

性和无处不在的特点。这一理念同样适用于德育教育。在日常教学与生活中，教师应积极培养自身的观察力和应变能力，充分利用教育机会，在适当的时机为孩子们提供适当的指导，引导孩子们在具体的情境中领悟道理，从而有效地实现全面育人的教育目标。

三、舞动生命，用德育点燃生命的璀璨之火

归根到底，真正的教育者首先是好的"自我教育者"，然后才可能成为好的"他向教育者"，才可能最终成为引领学生成长的"生命引路人"。这就要求教师不断提高自身的道德修养，自觉做到以德立身、以德立学、以德施教、以德育德，努力成为学生为事、为学、为人的大先生。我们应该以德育为手段，激发学生的生命活力，让他们在成长过程中更加健康、快乐、自信。这是对教师和教育工作的基本要求，也是我们追求的目标。

如何践行德育以激发学生的生命活力，我校张欣梅老师和王松老师在学习了《中小学德育工作指南》后，有了自己深刻的理解。

---

1. 教育要关注整体，也要关注特殊学生，关注需要照顾的个人及家庭。在思想上始终要坚持教书育人、育人为先的原则。一般来说，先教做人，再谈学习。但说到底，教育教学本为一体。

2. 要立足于学生的成长，培养积极向上的人格等，这些是保障学生健

康成长、提高学习效率的关键，也会大幅度提升学习的幸福感。

3. 不同学段的目标有所不同，但整体需要环环相扣，呈螺旋上升状态。应明确本班学生进入中高年级后的进阶培养目标。

4. 德育工作绝不只是品德教育，生态文明教育和心理健康教育也是德育内容中特别需要一线教师关注的地方。人和自然如何相处，人和自己、和他人如何相处，是学生每时每刻都面临的问题。

5. 育人不是说教，应将教育融入生活中，无痕的教育是我们崇尚的，入情入心的教育是我们共同追求的。在实践中锻炼人、培养人，在管理上建立监督、保障、激励机制，都是育人的重要手段。

6. 在学校教育体系中，班级是最基本的教育单元，教师是这一单元中最关键的教育者。关注班级文化建设，关注班级风气营造，是每个班主任都应该花心思、花功夫的。

7. 作为教师，不管是否做班主任，不管所教授的是什么学科，育人贯穿课堂的每时每刻。教师的每一个行为、每一次激励或批评都可能对学生的价值观和道德判断产生深远的影响。教师应在课堂中努力创设更丰富的育人环境，在具体情境中以活动促学习、以学习促思考、以思考促发展，构建起一个积极的学习与发展循环。

张老师和王老师通过自我反思，重新审视了自己的育人理念和育人策略，并在学习实践中提升自己的育人水平，在实践中深化对师德的理解，用实际行动落实"为国育人、为党育才"的方针政策。

开展有效的家长会亦是德育实施的重要环节。在"如何开好家长会"德育专题研讨中，张老师和王老师深入反思并总结了自身经验，为教育工作者提供了宝贵思路。

作为一个年轻班主任，这样的培训使我充分了解和认识到家长会是班主任联系家长、家长了解孩子在校情况的重要途径，也是家长了解学校管理、教学情况的有效途径，是班主任工作中的一个重要方面。

开好家长会的关键在于以下几个方面。首先，要在学校大主题的基础上，根据自己班级的实际情况、班中急需解决的问题确定班级的小主题。其次，精心布置会场，创设良好的气氛。可将桌椅摆成圆形或 U 型，形成围坐讨论的氛围，在教室墙上展示学生的优秀作业和开展活动的图片，以及学生平时学习活动的照片，也通过多媒体设备循环播放相关视频的方式，使家长对学生的校园生活有充分的了解。桌面上，可放置学生自己设计的个性化名签，便于家长快速找到自己孩子的座位……当然，家长会前老师需要提前了解家长面临的教育难题，使家长会真正成为解决家长问题、促进家校交流沟通的场域，这样教师在家长会上才能有的放矢，针对具体问题做出分析和解答，给予一些具体的可以实际操作的建议。再次，不同年级可以根据实际情况设计不同形式的家长会活动。例如：可以进行家长间家庭教育的经验分享。最后，要使家长会达到预期的效果，最重要的是准备好发言稿，发言稿内容包括：学校及班级状况介绍，班级科任教师情况介绍，一个阶段的班务工作及措施，教育教学方面的主要成果，对各方面先进典型的表扬(尽可能覆盖到每一个学生)，班级中存在的不良现象及需要家长配合解决的问题，班级下一步的努力方向……

一次精心准备的家长会必定会对教学起到积极作用。家长会活动可以增进家校之间的理解和信任，助力学生的成长和发展。作为教师，我们需要不断提升自身的专业素养和能力，更好地服务家长和学生。

张老师和王老师的分享深刻揭示了师德的本质，高尚的师德并非遥不可及，它源自教育教学中每个普通教师的真心付出和不懈努力。这种师德深深地扎根于每位教师的思想和行为之中，成为推动教育事业发展不可或缺的力量。正是这种力量，让我们在平凡的岗位上，用慈爱之心呵护学生的纯真，用真诚之言启迪学生的心灵，用智慧之光照亮学生的成长之路。每位教师都应积极致力于提升自身的师德修养，以自身的良好品德去影响和塑造学生的品德，真正成为学生健康成长的引路人。

德育的构建与实施是一个渐进的过程，它需要时间的磨砺和持续的努力。在未来的德育道路上，我们将始终坚守立德树人的教育初心，以水滴石穿的耐心和润物无声的方式，积极探索新时期德育建设与实施的有效途径和方法。我们致力于通过德育激发生命的成长，为每位学生的精彩人生打下坚实的基础，筑实人生的根基。

第三章

唤醒学习力，
做"有扎实学识"的好老师

◇◇◇◇◇◇◇◇◇◇◇◇◇◇◇◇◇◇◇◇◇◇◇◇◇◇

　　"师者，所以传道、授业、解惑也。"教书育人是教师的根本任务。拥有扎实学识是教师传道、授业、解惑之根本。只有拥有扎实的知识功底、开放的教育思想、过硬的教学能力、勤勉的教科研态度，做新时代智慧型教师，才能真正助力学生的成长。

　　本章从我校对"扎实学识"的理解出发，聚焦书香校园、教师教科研、教师发展平台、教师评价机制，阐述我校教师是从哪些方面扎实自身学识的，学校是如何培养教师扎实学识的。

1

教师应该是一条河

国将兴，必贵师而重傅。随着时代的发展、信息技术和人工智能时代的到来，各个领域都发生着翻天覆地的变化，教育领域也发生着深刻的变革。"云上学校""没有教室的学校""项目式学习"等创新教学实践的出现，悄然改变着传统教育的固定法则。在这个大变革时代，教师作为传道、授业、解惑的关键角色，正面临着前所未有的挑战，同时也迎来了全新的机遇。教师只有不断丰富自己的专业知识，推进深度有效地学习，不断扎实学识，才能适应教育发展的要求，真正为学生成长赋能。

一、以扎实学识诠释教师专业魅力

师者匠心，止于至善；师者如光，微以致远。习近平总书记在同北京师范大学师生座谈时强调:"扎实的知识功底、过硬的教学能力、勤勉的教学态度、科学的教学方法是老师的基本素质,其中知识是根本基础。"①这为新时代下提升教师专业素质、加强教师队伍建设指明了发展方向。

当前,在这个信息爆炸的时代,我们每个人都被海量的信息所包围。学生通过短视频、微信等不同平台了解的事物越来越多,对于他们不会的习题或不懂的问题可以通过网络搜索寻找答案。这种环境下,有些教师便会认为,拥有扎实的学识似乎没那么重要了。

通过观察,我们发现当下有些教师对于学识的认知存在若干问题。一方面是缺少危机感。部分年轻教师会满足于学校所学的知识,认为自己完成了学业,该学的知识在读书的学校都已经学完,不需要继续深造了,只要按教书的学校的要求完成教学任务就可以了。部分老教师则认为自己辛苦了二三十年,该有的职称、荣誉等都有了,工作上得过且过,缺少动力。另一方面是缺少压力感。有些教师有十多年的教学经验,对课程内容非常熟悉,认为自己的经验和学识足够应付日常教学,不用再学习了。还有部分年轻教师,对工作缺乏热情,工作中缺少活力,学习自然缺少积极性。

正所谓,学历只能代表过去,能力代表着现在,而学习代表的是未来。随着 STEAM 教育、创客教育、项目式学习等新型教育方式的出现,教师需要更加综合的能力、更广博的知识、更开放的态度及更开阔的视

---

① 习近平:《做党和人民满意的好老师:同北京师范大学师生代表座谈时的讲话》,8 页,北京,人民出版社,2014。

野。学识不扎实、知识储备不足、视野不开阔、态度不开放、创新能力不够，教学时就会捉襟见肘，何谈有足够的底气和能量赋能学生、拥抱未来。

教师要把扎实学识的要求贯穿于教育教学的全过程，使之成为自己不断进步的动力。通过持续学习，让自己成为一条流动不息的河，涌动着无限的智慧、生机和活力，真正以扎实学识诠释教师的专业魅力，引导学生走向充满希望的未来。

二、有扎实学识的教师应具有精深的专业知识

"只有当教师的学识比教学大纲的范围广泛得多时，他才能成为教育工作的真正的巧匠、艺术家和诗人。"教育家苏霍姆林斯基如是说。[①] 有扎实学识的教师应精通自己的学科，具有精深的专业知识。作为学科教师，不仅要深入了解所教学科的基本内容，形成完整的知识体系，还要通过培训和学习，深入跟踪学科学术动态，了解新思想，不断更新知识体系，成为持续成长型的教师。

随着义务教育课程方案和课程标准（2022 年版）的颁布，我校教师积极主动研读新课标，转变传统观念，并将所思、所感、所悟落实在课堂教学中，践行新课标理念。

我校语文教研组的教师通过认真研读、专家培训、网络学习等多种途

---

① 蔡汀、王义高、祖晶：《苏霍姆林斯基选集（五卷本）》第 4 卷，643 页，北京，教育科学出版社，2001。

径学习新课标，在深入学习和具体实践中，做出"四个转变"。一是从教学观念上，从以教为主转向以学为主，教师更关注于学生怎么学，学得怎么样，怎样为学生的学服务。二是在学习方式上，从以教授为主转向以合作探索为主。教师在课堂上充分调动学生学习的积极性，倡导学生开展合作学习、探究学习及项目式学习。三是在教学结构上，教师强调"先学后教、以学定教"，通过创设情境和驱动性问题，引领学生主动思考、自主探究，在学生遇到疑难及关键问题时，做适当的点拨和引导，让学生成为课堂的主人。四是在评价方式上，从单纯地注重学生的学习结果转向关注教育全过程和学生发展全过程，评价主体更加多元，评价方式更加多样，突出评价对于学生可持续发展的积极作用。

学科教师要具有精深的专业知识，这不仅意味着要充分理解自己学科的内涵，构建自己的学科理论体系，还要通过持续学习更新体系，以确保教学行为的合理性和科学性，有助于学生按照既定的路径实现全面发展。

三、有扎实学识的教师应具有广博的知识底蕴

当代教育对教师的知识要求不仅限于"专"，还强调"博"。作为教师，如果仅满足于掌握本学科的知识，那在教学活动中便难以做到触类旁通，也难以培养出具有较全面综合素质的学生。

在我们看来，教师的扎实学识应该建立在广泛的知识背景之上。一方面是因为科学与技术的发展对教育的影响是深刻和无所不在的，大环境的变化要求教师以更加综合的知识体系面对发展的要求。另一方面，在这种

大环境下，学生自身的成长速度越来越快，知识积累越来越丰富，发展的需求也越来越多元化，这也需要教师以广博的知识储备满足学生个性成长的需求。

当下，教师面对的是越来越多的知识面广、有个性、有想法的学生，如何让自己走进他们的心灵，如何与之进行有效沟通，如何挖掘他们的潜能，如何激发他们的兴趣，如何让他们信任自己……这些是每位教师都需要思考的问题。正如苏霍姆林斯基所说："一个好教师要是个懂得心理学和教育学的人，懂得而且能体会到缺乏教育科学知识，就无法做好孩子们的工作。"①作为教师，既要有深厚的学科知识，也要具有广博的知识背景，包括心理学、社会学科、自然学科等，教师只有拥有包罗万象的眼界，才会有海纳百川的格局。

四、有扎实学识的教师应具备过硬的教学能力

想要将所知、所想、所悟有效地传达给学生，需要过硬的教学能力。在多年的教育教学工作中，我遇到过这样的教师，自己具有扎实的专业知识和广博的学识，但就是无法传递出来，讲课枯燥乏味，学生昏昏欲睡。所以，我一直强调教师应具备过硬的教学能力。过硬的教学能力当然不是指强输直灌，而是指能够做到以生为本，深入浅出地讲解知识，根据学生

---

① 蔡汀、王义高、祖晶：《苏霍姆林斯基选集（五卷本）》第4卷，59页，北京，教育科学出版社，2001。

的需求和兴趣进行有针对性的教学；即使遇到突发的教学情况，也能随机应变，根据不同的教学情境灵活处理；与此同时，能够做到及时反思和总结，在一次次的反思和优化中将自己的教学实践总结成经验，形成自己独特的教学风格。

　　我校数学学科张春杰老师是一名教学能力非常突出的教师。他的数学课很受欢迎，学生见到张老师，经常说的话就是"张老师要来我班上课了！""张老师，您什么时候给我班上课？""张老师，今天这节课真有意思！"……

　　张老师扎根课堂，倾力做研究型教师。身为数学骨干教师的她，与学生在每一个40分钟里共同经历探索发现的过程，收获着成功的喜悦。为了让学生能够集中注意力投入课堂学习活动中去，她自创"双手教学法"，教学生学习"数的组成与分解"，在教加法、减法时也让学生用双手动作配合理解加法、减法的意义。在数学课上，她让学生充分动手，采用摆一摆、画一画、量一量、拨一拨等多种形式，经历知识生成的过程。在动手之后，让学生动口，把动手的过程和结果用准确、简炼的语言描述出来，这就是在课堂上落实"三会"。张老师在数学课上创设了一种宽松的、开放的动手实践空间和教学情景，让学生独立思考，在实践活动中发现问题、提出问题、解决问题，让学生真正地参与到知识的构建过程中来，主动经历探索规律的过程，使学生欣赏到思维过程中的无限风光。

　　张老师还认真研究学情，研究每节课学生"在哪里"；潜心研究教材，研究每节课应把学生"引到哪里"。学科核心素养是学科育人的重要目标，分析研读教材，就是要对准学科核心素养这个靶心，确定"把学生引到哪里"，只有全面把握教材的前后联系，深入挖掘教材蕴含的学科核心素养要素，才能在课堂教学中实现有的放矢。张老师认为，课堂教学不是在"教"知识，而是以知识为载体训练学生的思维。当学生有了自己的思考和判断，知识才有了生命，学生才能迁移经验、自主解决问题。

具有过硬教学能力的教师一定是以学生为本的，能够根据学生的学习需求，采用有效的教学策略，激发学生的学习兴趣和积极性；能够根据课堂内容和目标，灵活运用多种教学方式；注重自身能力的锤炼，通过不断学习和钻研，来提升自己的专业水平，以持续学习的状态迎接新的挑战。

五、有扎实学识的教师应具有较强的教研能力

教师的教研能力决定了教育质量的高低。教师开展教研活动是提高教学质量、促进教师专业成长和推动教育改革的重要途径。有扎实学识的教师应具有较强的教研能力。

那何为较强的教研能力呢？我总结其涉及六大方面：一是要有主动的研究意识，能够对教育教学过程中出现的问题进行敏锐的观察和思考，并尝试通过研究来解决问题；二是要有更广阔的学术视野，了解教育教学发展的新动态和新趋势，能够站在更高的角度来审视自己的教育教学工作；

三是掌握基本的教育科学研究方法，了解不同研究方法的适用范围和优缺点，能够根据研究目的和问题选择合适的方法；四是具有一定的数据分析能力，在大数据时代，教师需要具备对数据的敏感性和分析能力，能够从大量数据中提取有用的信息，为研究提供支持；五是具有基本的写作能力，具备撰写论文及案例的能力，能够清晰、准确地描述自己的研究成果，及时总结提炼成果，为学科建设和教育发展做出贡献；六是要具有反思和自我更新的能力，能够对自己的研究成果和教学实践进行反思和总结，不断完善自己的教研能力。总之，较强的教研能力是现代教师必备的素质之一，有助于提高教师的专业素养和研究水平，能为教育教学工作注入活力和动力。

六、有扎实学识的教师应具有较强的创新能力

当前，信息技术与课程整合已成为我国推进新一轮基础教育课程改革和教学改革的突破口，随着网络技术的不断成熟和发展，"数字化教学"已经成为教育教学改革的主旋律。在我看来，面向未来的教师要具备基本的科技素养，包括对科技的了解、对新兴技术的关注及将这些技术运用到教学中的能力；要敢于创新，能够接受新的教育理念和教学方法，不断探索适应智能时代的教育模式；要具有数字化教学能力，能够利用数字化工具和资源进行高效教学，包括多媒体制作、在线课程设计等；更重要的是要具有终身学习的能力，智能时代知识更新迅速，教师要不断更新自己的知识和技能，以适应时代的发展；还要注重对学生创新意识和创新能力的培

养，引导学生发现问题、分析问题和解决问题，增强学生的实践能力。

我校非常注重教师科技素养及创新能力的培养。比如，我校利用互联网平台，结合智慧阅读发展理念，搭建了集在线图书阅读、个性化阅读、书圈互动、多元评测、成果展示于一体的线上"品书堂"阅读平台。这一平台以"数据化管理"的方式，由学校语文大组全体教师自主开设课程。教师不仅了解本班孩子阅读能力的优势和薄弱项，还能依据阅读课程详细、多维度的数据支持更好地开展线下的阅读课程。平台还帮助教师对教学目标进行灵活调整，对学生学业成绩进行科学的评价。这种新的阅读课程模式不仅有利于教学，更使阅读走向深入、辐射到家庭中。

新时代的教师应该既是创造者，又是学习者；既是教育者，又是研究者。具备扎实的学识是教师成为创造者、学习者、研究者的基础。要成为学识扎实的教师，就需要我们的教师不断丰富专业知识、积淀文化底蕴、锤炼教学能力、提升教研能力、发展创新能力，在深度学习、持续精进、不断提升中做学生健康成长的指导者和引路人。

2

广阅读，催生教育智慧

　　教育家苏霍姆林斯基认为，书籍对教师来说有如空气般重要。没有书，没有阅读的渴望就不成其为教师。阅读乃是教师思想和创造的源泉，乃是生活不可或缺的部分。[①] 从某种意义上说，一个教育家的成长史，就是他的读书史。作为新时代的教师，要想与时代发展同频共振、扎实学识，就应该进行深度阅读，让自己与书籍相伴，"潜"进知识中，提升和完善自己，以阅读为路径，带领学生走向知识的深处，遇到更美好的自己，走向更美好的未来。

---

　　① 蔡汀、王义高、祖晶：《苏霍姆林斯基选集（五卷本）》第 5 卷，北京，教育科学出版社，2001。

一、读书是教师最好的修行

立身以立学为先，立学以读书为本。读书看似是老生常谈的话题，但却是教师成长最有效、最便捷的路径。在当前这个快速发展的时代，知识更新的速度不断加快，以教师传授知识为主的教育模式已经不能很好地适应现代社会发展的需要，教师必须更新观念、革新思维、改变传统教学方式，而读书正是教师提高自身，应对时代变化，迎接未来教育挑战的关键。

1. 读书提升教师专业知识。随着教育教学改革的深入、新课标的出台，教师面临着全新的挑战。而学习和读书正是我们教师完善专业知识、实现专业发展的重要路径。一名专业精深的教师一定要具备三类专业知识，一是本体性知识，二是条件性知识，三是实践性知识。

其一，读书立基，夯实本体性知识。本体性知识是指教师所掌握的特定的学科知识。正所谓"术业有专攻"，掌握基本的学科知识，是教师传道、授业的前提。每个登上讲台的教师都要掌握一定的本体性知识。随着我国基础教育从知识本位时代走向核心素养时代，教师如果仅限于自己已有的知识和过往的经验，必然会与当下的教育发展格格不入。教师要紧随时代的发展和教育的发展，通过持续的、专业的学习和阅读，夯实本体性知识，让自己从"一桶水"成为一汪"源泉活水"。

其二，读书启慧，丰富条件性知识储备。条件性知识是指与教育学、心理学和教法等相关的教育知识，也就是关于"怎么教"的知识。教师仅掌握本体性知识是远远不够的，还需要了解教育教学及学科的内在本质和逻辑，知道"为什么教"和"怎么教"。即便学科知识扎实，如果不知如何将所知所学传授给学生，那么也不可能成为合格的教师。

我校实施的 PDC 教育模式体现了一种全新的育人理念，强调的是育人观念的转变，通过项目驱动的方式达成育人目标，让孩子完成对生活和世界的价值建构，成为具有生存和幸福生活能力的人。对于只关注本体性知识的教师来说，是很难理解这一核心要点的。

新时代的教师要与时俱进，通过学习和读书来丰富条件性知识，能够打破学科本位、知识本位的壁垒，更新教学观念，拓展教学思路，改变教学策略，在不断的自我蜕变和革新中遇到更优秀的自己。

其三，读书立身，促进实践性知识生成。实践性知识是指教师在教育教学活动过程中可用于解决具体问题的知识，带有明显的情景性和个体性。

一次我校组织干部及教师随机进班评课。一位教师讲得非常好，正讲到重点，班中的一个女学生忽然惊叫起来，原来是一只蜜蜂飞到这位女同学的书桌上，教室立刻喧哗起来。这位教师保持了冷静，先是安抚了一下女同学，随即把窗子打开，把蜜蜂放了出去，后以蜜蜂勤劳采蜜为切入点，鼓励学生如蜜蜂一样勤奋努力，在知识的花丛中吸取营养，快乐地成长。我想，这位教师就是一位实践性知识丰富的教师，面对复杂的教学情境能快速做出反应，化逆势为优势，这和她平时勤于阅读和反思是分不开的。

要想成为这样的教师，就需要教师立足于自己的实践经验，在不断的实践、阅读和自省中，生成和积累实践性知识，这是教师专业成长的关键。

2. 读书构筑教师专业精神。现代教育观和新课改理念倡导教师不能只做教书匠，而要做塑造学生品格、品行和品位的大先生。做大先生，首先就要有专业精神支撑，有对教育事业的热爱和对学生的热爱才能真正做好教育。而读书是构筑教师专业精神的重要途径，能够对教师的精神世界、气质和品性产生深远影响。我校语文教师董虹老师是一位非常热爱读书的教师，她不仅通过阅读让自己的教育人生"重启"，更倾心打造"阅读班级"，开辟"萤火虫故事会"栏目，用阅读点亮学生的心灯。

董虹：

在阅读中成长

2013年对我来说是意义非凡的一年。1995年参加工作的我，在工作的第18个年头遇到了工作中最大的瓶颈：不确定自己的努力方向，不知道今后的教育教学之路该如何走。

迷茫的时候，我参加了北京市骨干教师培训班。每周一天，我坐在教室里，重新成为一名学生。当我静下心来听讲，我惊喜地发现自己的心一下子踏实了。我读起老师们推荐的书，终于找到了自己的努力方向——阅读。我突然明白，自己的无力感来自自身知识储备的不足。一年的学习、一年的阅读，让我重拾了对教育教学工作的那份热爱与激情。所以，我称

2013 年是我教育人生"重启"的一年。

作为一名教师、一名语文教师，在切身地体会到阅读的好处之后，我也竭尽全力地带动我的学生一起阅读。

阅读需要一个场域，一群人一起阅读，可能走得更长远。因此，我在班级内开展了各种各样的以阅读为主题的活动。我带着第一个"阅读班级"在班级微信群开展了"今晚八点档故事会"活动，请家长为孩子们读好听的故事，一个学期下来，孩子们听了整整 5 本书。每天晚上八点，都是老师和孩子们满心期待的时光。

在我带的第二个"阅读班级"中，阅读的传统得以延续，我们的阅读活动更名为"萤火虫故事会"。除了听故事，孩子们自己主持，自己讨论，玩得不亦乐乎。我们班的"萤火虫故事会"还被搬上了舞台和荧幕，孩子和家长一起在北京市展演。

在带第三个"阅读班级"时，因为特殊原因，孩子们不能到校上课，我们一直在线上坚持开展各种以阅读为主线的活动。从"小太阳故事会"到"好书推荐"，从"小豆课堂"到"每日心语"，所有的活动都确保班里每一个孩子的参与。每一个活动的背后，都是一次又一次和家长关于阅读的深入沟通。

在教第四个"阅读班级"时，我将坚持了三届的"百日阅读活动"继续落实，活动更加体现出人文性和实效性。2023 年 11 月，在由班级家委会组织、全班家长和同学共同参与的"一路书香，一路阳光"创意阅读活动中，我看到了家长和孩子们对阅读这件事的重视，也看到了孩子们的阅读成果。

回顾 2013 年到 2024 年 11 年走过的阅读之路，我觉得扎实又踏实。阅读，让我找到了前进的动力，也让我找到了内心的安宁。

在我看来，读书对教师专业精神的构筑体现在三方面。

1. 读书可以丰盈教师的精神状态。教育是培育生命的事业，教师作为生命的培育者，应该保持一种饱满的精神状态面对教育、面对学生。然而，作为普通的生命个体，教师在繁杂的事务中也会产生职业倦怠，也会产生消极的心理。如何让教师摆脱职业倦怠，改变消极状态呢？一个人的精神发育史，应该是一个人的阅读史。教师要在不断地学习和读书中，丰盈自己的内在，从而以更加乐观积极的精神状态培育生命、影响生命。

2. 读书可以浇灌教师的教育信仰。肖川教授曾说："教育与信仰有着内在的关联，甚至可以说，信仰是真正教育的天然要素。"[①]教育信仰就像教育之树的根，教师缺少教育信仰，正如无本之木，永远不能成长为参天大树。换言之，教师对教育价值认知越深，就会爱之越切，信之越笃，行之越坚。那么，教育信仰从哪里来？就要从读书中来。教师要致力于通过广泛的阅读和不断的学习浇灌自己的信仰之根，让信仰成为自己的精神支柱。

3. 读书可以提升教师的人生境界。哲学家冯友兰先生曾提出了人生的四种境界：自然境界、功利境界、道德境界和天地境界。这四层境界随着认知深入而不断提高。我认为，教师发展也可分为三重境界：以教育为职业的匠师境界、以教育为专业的能师境界、以教育为事业的人师境界。以

---

① 肖川：《建基于信仰的教育》，载《教育科学研究》，2002(01)。

教育为职业的匠师境界，强调教育只是谋生的工具和手段，把自己当成打工人。以教育为专业的能师境界，强调以传递知识作为教育的根本任务，不断追求自身专业知识的精深和专业技能的娴熟，但也容易陷入"为教而教"的困局。以教育为事业的人师境界，强调以学生发展为本，强调洞察教育与生命的关系，通过教育实现自己的生命价值，以一颗赤诚之心自觉自发地投身于教育中，在生命与生命的碰撞中彼此成就、绽放精彩。当然，每位教师都在追求第三重境界，而读书便是引领教师走向人生最高境界的阶梯。在阅读中，与圣贤对话，和经典同行，思想在洗礼中不断升华，境界在浸润中不断提升。

二、营造阅读氛围，打造书香校园

在我们看来，一所好的学校一定是充满着人文气、书香气和生命力的。我校着力于构建一种充满生命律动的、具有人文气息和书香气息的教育生态，打造书香氛围，引导师生养成"爱读书、读好书、善读书"的阅读习惯，营造浓厚的"人人皆学、处处能学、时时可学"的良好风尚。

1. 大胆改革创新，激发教师学习动力。教师是学校办学的主体，是学校发展的原动力。可以说，没有教师的主动发展，很难有学生的主动发展；没有教师的创新教育，很难有学生的创新精神。为了激发教师的学习热情，我校打破传统教育理念，大胆改革创新，开展了 PDC 教育项目育人的研究和探索。

PDC 教育是结合国内外先进的教育思想，结合我国国情，构建的一套走向真实世界的项目群育人体系。它以学生生命成长为核心，以"让教育走上完整的真实世界"为育人理念，以"培养完整而真实的人"为育人目标，旨在打通学科边界、建立家校社联系，以项目群为载体，用项目驱动的方式，从学生真实需求出发，对接现实世界，链接真实生活，让学生从课堂走上生活，从学校走上社会，从知识学习走向核心素养培养，加强学生知识经验、现实生活、社会实践之间的联系，启发他们用学科思维解决现实问题，用生活经历理解深化知识，让他们完成对生活和世界的认知，最终拥有幸福的人生和完整的生活。

可以说，PDC 教育给我校教师的教育理念、教学方式等带来全新的触动和影响，也更加激发了教师的学习动力。在对 PDC 教育的探索中，我校教师深入研读新课标，不断阅读和学习专业理论知识，并结合实际教育教学工作，大胆尝试，小心求证，不断探索，取得了很大的进步。总的来说，PDC 教育项目的开展不仅激发了教师的工作热情与创造力，还使其教学观念及人才观有了转变，形成专家教师引领成长、骨干教师实践创新、年轻教师自主发展的团队面貌。PDC 教育项目使课堂教学方式、教学评价多元化，更关注学生的参与度与达成度。

2. 创设书香校园，引领教师精神成长。针对教师读书的重要意义，许多学者都有过深刻且精辟的论述。教育家朱永新说："教师的读书不仅是学生读书的前提，而且是整个教育的前提。"①是的，对于教师而言，读书的意义重大。从多年的经验来看，仅是推动和倡导教师读书是远远不够

---

① 朱永新：《读书与教师成长》，载《陕西教育》（教育），2014(04)。

的，更重要的是，学校要营造一种书香氛围，建立一种文化磁场，在潜移默化中引领教师沉浸在阅读之中。

为了营造浓郁的书香氛围，引领教师精神成长，我校通过优化阅读环境、开展读书活动等多种途径，推动教师阅读工程走深走实，培养出了具有新时代特点、文化底蕴深厚、有品位的教师队伍。一是，优化读书环境。一方面，完善图书馆和阅览室的存书类型，积极购置不同种类的书籍，并多渠道筹书，让学校丰富的藏书满足师生多元化的阅读需求。另一方面，创设充满书香气息的阅读天地，在教学楼建立走廊书吧、阅读角，在班级建立班级图书角，让书籍唾手可得、让阅读随时发生。二是，为教师备足精神食粮。每学年我校都要为教师制订读书计划和推荐图书清单，配置一些关于前沿教育理论、教学策略、文化人文、思维拓展、心理辅导类的书籍，帮教师摆脱"不知读何书"或是"无书可读"的状况。三是，开展系列读书活动。每学年，学校各校区都会召开读书沙龙、阅读分享会等专题活动，在活动中大家畅谈读书体会，抒发教育理想，分享阅读带给自己的收获。

当一个人读书变成一群人读书，就形成了一种阅读的磁场。在这里大家彼此交流思想、启迪智慧、分享经验、凝聚共识，读书让学校师生更加积极向上，更加同心同向、充满活力。

三、借助互联网，构建阅读新平台

随着网络技术、数字技术的发展，人们的阅读途径、阅读方式更加多元化，并且不断深化与拓展，呈现出数字阅读的新态势。我校紧随时代发展的步伐，借助互联网，打造"品书堂"阅读平台，构建"互联网＋"阅读新生态。

我校在建立"品书堂"阅读平台的过程中，花费了很多心思，从"全面调研，了解学生阅读现状"到"借助互联网，搭建'品书堂'阅读平台"，再到"师生反馈，不断优化"，最终，随着平台的上线，师生通过使用平台不断收获成长，让我们觉得这一切的付出都是值得的。

打造"品书堂"阅读平台

(1)全面调研，了解学生阅读现状。

2015年年初，我校对本校学生的课外阅读状况进行问卷调查，并对相关数据进行了统计。在阅读材料的选择上，75.8%的学生单纯从自己的喜好出发进行选择；有16%的学生表示由家长或老师推荐购买图书。在阅读时间上，只有24%的学生表示，每周读书3个小时以上；59%的学生表示，每周读书总时长不超过3个小时，甚至有15%的学生表示，每周读书时间在1个小时以内。在阅读互动方面，78%的学生是自己读自己的，很少和他人分享；只有少数同学愿意和周围的同伴和长辈分享自己阅读的感受。53%的学生表示，自己阅读时有过断断续续读半本书的情况。42%的学生记不清楚自己曾经读过的某本书的主要内容。

经过分析，我们发现：学生选择阅读材料时，缺乏甄别判断的能力，往往是随喜好而定；阅读时间总体较短，阅读活动相对孤立，阅读深度整体较低。该调查结果引起了我校语文组教师的重视与思考：如何引导学生选择合适的阅读材料？教师如何对学生的校外读书情况进行有效的跟踪与指导？学生的阅读时间如何保证？如何引导学生进行阅读互动？如何引导学生开展深度阅读？可以说，这都是传统的阅读课程很难解决，又是亟须解决的问题。

(2)借助互联网，搭建"品书堂"阅读平台。

基于学生的阅读现状分析，我校秉持智慧阅读发展理念，搭建了集在线图书阅读、个性化阅读、书圈互动、多元评测、成果展示于一体的线上阅读平台——"品书堂"阅读平台，同时在"生存能力、基础能力、生活能力、创新能力"四大能力课程的"创新能力"课程中，建构了"互联网＋阅读课程"，力求以全新的阅读样态，提升学生的阅读能力。

我校首先将线下阅读课程和线上阅读课程进行了整合，形成"互联网＋阅读实践活动课"，并进一步明确了"线下：阅读课程计划＋导读教学课→线上：阅读任务＋测评＋学生作品＋数据报告→线下：展示＋激励"的教学流程。

首先，在线下依据课程计划开启新书导读课，布置阅读任务，通过线上阅读打卡和写读书笔记的方式追踪学生的阅读时间和阅读思考程度，进而调整计划，如是否有必要设计推进课和调整推进课的主要引导方向。

其次，进行线上测评，结合学生的读书笔记和总结来调整分享课的教学目标。在分享课结束后设计后续活动的内容，根据书的内容来确定是否进行线下的分享。如果没有必要，那么可以通过线上分享、呈现，完成交流、讨论。教师在此过程中及时点评，推荐优秀作业。

最后，生成的线上数据包括班级在整本书阅读过程中的阅读平均用时、速度和效果，也包括学生个体的基于五大阅读能力的阅读分析报告，让学生明晰自己的优势和不足，进而决定下一本的课程书目和自主阅读书目。

在明确了教学流程后，学校对"品书堂"线上阅读平台的功能进行了完善，设置了学校阅读书单、创建阅读任务、阅读打卡、阅读分享、阅读效果测试等八项内容。

2015年9月1日，"品书堂"阅读平台正式投入使用，"互联网＋"阅读课程也随之启动。课程管理全部采用数据化方式，通过线上阅读平台的数据统计，对各年级、各班的课程开展情况进行管理监控，如每个年级、每个班级创建的阅读书目和开展的阅读任务，每个学生的阅读打卡率和其分享的读书笔记等阅读作品，甚至学生阅读能力测试及调查的开展情况等。阅读平台上的每本图书都设有配套的测试题，这些测试题是有明确的阅读能力指向的。学生读完书后回答这些测试题，平台上能够对其进行科学的数据分析，快速地掌握每名学生的阅读水平及现状。教师能够通过了解本班孩子的阅读能力水平的优势和薄弱项，更好地指导线下的阅读课程，对教学目标进行灵活调整，对学生学业成就进行科学的评价。

(3)书香育人，平台助力师生共成长。

"品书堂"平台和"互联网＋"阅读课程，有效推动了学校课内外阅读向高效、个性、数据化方向发展。一方面，激发了教师的教学热情。"互联网＋"阅读课程开设以来，我校语文大组所有老师都开设了课程。在寒假的课程活动中，教师在网络平台上推荐的阅读材料共 1580 篇。我校教师普遍认为，这种新的阅读课程模式更利于教学，能引领阅读教学走向深入、走向家庭。另一方面，激活了学生的阅读兴趣。"互联网＋"阅读课程自开设以来，学生的参与热情持续高涨。学校 90％的学生在网络平台上参与了课程学习与互动；学生总打卡 5062 次，平均每位学生打卡 2～3 次。通过"互联网＋"的引入，学校的阅读教学呈现出新的面貌，学生的阅读兴趣大幅提高。

"品书堂"阅读平台的搭建，不仅打破了学生学习的空间限制，使学生在校内、校外都能够进行课程学习与互动，使教师的教学管理与评价都得到了系统优化，更促进了学校师生整体阅读水平的提升。2015 年 9 月 25 日，《朝阳教育报》发表了《呼家楼中心小学"品书堂"里的朋友圈》一文，对学校"品书堂"阅读平台的使用状况进行了报道。

教师阅读影响学生成长，学生阅读也影响教师发展。我校正在努力创设一个弥漫书香的学园，让学生与书为友，汲取营养，启迪智慧，快乐成长；让教师与书结缘，沉思自省，坚定教育理想，书写自己更加丰满与鲜活的教育人生！

3

深研究，升华职业灵气

教育部在《关于加强和改进新时代基础教育教研工作的意见》（教基〔2019〕14号）中强调："教研工作是保障基础教育质量的重要支撑。长期以来，教研工作在推进课程改革、指导教学实践、促进教师发展、服务教育决策等方面，发挥了十分重要的作用。"教科研工作是教师坚实学识、提升专业素质、推动教育高质量发展的重要途径。只有以教育科研为引领，学校的教育教学工作才能紧跟改革步伐，形成特色，提高水平；只有依托教科研平台，教师才能实现从教学匠向大先生的转变。

我校以"推动高质量教育发展，创建现代化教育品牌"为目标，以教科研发展为核心，以教师成长为根基，以促进学生核心素养提升为核心任务，通过文化营造、队伍打造、教学改革等手段，引领教师开展教科研工作，推动学校可持续发展。

一、文化是根基：让校园充盈教科研之味

一所学校的改革首先是思想和文化的变革。学校有什么样的文化，就会呈现什么样的气象。要想以教科研思维引领学校高品质发展，教科研氛围的打造必然是先行之举。学校应打造发展教科研的氛围，让全体教职工从思想层面认可教科研的重要性。

1. 文化先行，促进学校可持续发展。推动教育高质量发展，教科研文化的引领地位不容忽视。了解优质学校的办学历程，可发现其皆以学校文化为逻辑起点，逐步构建起学校学术办学的特色之路。

有着悠久学术文化传统的苏州中学，在建校之初，就由汪懋祖老先生首先提出"学术化"的办学理念，通过建立学术组织和创办学术刊物等措施，营造学术文化氛围，从文化引领到文化自觉，经过近百年的传承和创新，学校已呈现出"大学"之气象。

东北师大附中，在发展之际明确"学术治校"的教育哲学，以"自觉、友善、学术、创新"的教育理念为核心，形成了具有学术特色的立体发展观和以"学术为基"的立体治校方略。

作为北京教育科学研究院的第一所实验学校，北京教科院通州区第一实验小学有着"学术科研"的内在基因。在长期的"实验之风""发现教育"理念的浸润下，重视"教科研"已经成为校园内的一种氛围、师生的一种素养、学校自上而下的一种自觉行动，它改变了学校师生的思维和行为方式。

众多名校皆重视教科研文化的培育，借助文化之力激发教师投身教科研的热情，推动学校可持续发展。此举为我校实施文化治理与科研治理提供了有益借鉴，也必将助力于我校教育教学与科研事业的繁荣。

2. 多措并举，营造浓郁的教科研氛围。"学校只有以教育科研为先导，才能使学校教育教学工作顺应改革潮流，才能办出特色与水平，也才能可持续发展。"为此，我校积极采取多种措施，使校园洋溢着教科研气息，进而促进教师、学校实现可持续发展。

其一，促进教科研管理体系化。学校浓郁的教科研文化氛围的形成，得益于扎实的日常化管理。在全面提升教育科研工作管理水平的基础上，我校密切关注各层次的课题研究项目，营造全员科研、立体科研的氛围，持续推动学校科研工作深入开展。例如，教学干部实施巡诊式教研，针对薄弱班级进行常态教学研究；外聘专家进行点位式教研，为年轻教师提供点对点辅导；区教研员开展定向式教研，针对骨干教师和培养对象进行指导；课题成员进行专题式教研，提升各级课题组成员的研究能力。此外，学校每年邀请相关领域专家进行指导，把握科研方向，引领研究发展，并以此激发教师的教科研热情与动力。在 2018 至 2019 年，学校聘请教研员、专家等开展"教学方式的变革""对数学问题解决能力测评的思考""小学数学核心素养下的概念教学""以研促考，做好质量分析""如何创设真实教学情境"等系列培训 20 余场。

其二，促进教科研工作常态化。苏霍姆林斯基曾强调："如果你想让教师的劳动能够给教师一些乐趣，使天天上课不再变成一种单调乏味的义务，那你就应当引导每一位教师走上从事一些研究的这条幸福的道路上来。"优秀的教科研氛围有助于增强教师的科研意识。为此，我校积极构建平台，倡导教师参与学术研讨，使研讨工作成为常态，营造一种热衷于探索、热爱研究的学术环境。以 2016 年为例，为了进一步加强教师对团队的认同感和提升教师专业化水平，学校创立了多样化的学习共同体，引领教师走上学习与研究之路。又如，学校成立了语文、数学、英语、美术四个名师工作室，在专家的指导下，定期开展课堂教学研究。此外，学校还提供同伴互助式、主题研究式等多种形式，助力教师成长。

其三，促进激励机制规范化。开展教科研活动需要教师具备一定的教研能力，同时具备相当的毅力。为了激发并保护教师开展教科研的积极性，我校实施了一套规范化的激励机制，以提升教师的教科研热情。我校从教师的常规教学入手，要求教师全批全改学生作业，并定期进行一月一次的检查。对未能履行职责的教师，将在全体教师会上予以通报批评。同时，在教学工作中，我们实行量化管理，科学评估教师在各项工作的表现。我们从备课、课堂教学、作业(检测)批改、教学成绩、教育效果、课外辅导、发表论文、后进生转化等多方面对教师进行考核，以此作为教师评优的依据。通过这一考核机制，我们激励先进，鞭策后进，实行奖优罚劣，极大地提高了教师工作的积极性，为提升教育教学质量奠定了坚实基础。

教育的高质量发展离不开教科研文化的引领。浓厚的学术氛围犹如一股无形的力量，在师生追求进步的过程中，激发创造力，提升竞争力，增强吸引力，形成凝聚力，进而转化为坚实的精神动力。正是这种精神力量和价值认同，促使教师实现自我成长，使他们对待教育和教学不再局限于感性认知，而是展开更深入的理性思考、探讨和实践。

二、队伍是关键：打造智慧实践之师

教师队伍是推动学校高质量发展的中坚力量，是保障教育优质均衡发展的坚实基础。我校在浓厚的教科研氛围中，致力于培养一支兼具智慧与实践能力的研究型人才队伍。我们引导教师从传统经验型向研究型转变，实现教师素质的飞跃，以更好地推动学校的优质发展。

在"十三五"期间，立足于教师队伍建设，我们以教科研为重要抓手，成功申报了北京市规划办课题"PDC 理念下项目群的构建及实施"。本课题以有意义的"项目"为驱动，充分激发教师的内在动力和兴趣，引导他们主动参与研究过程，实现"队伍建设"的项目化管理。通过这种模式，教师在项目的推进和实践中不断自我发现、自我修正，逐步成长为符合未来教育要求的优秀教师。这一策略不仅促进了教师教育素质和教育教学能力的提升，更以点带面，推动了学校整体教育水平的显著提升。

在浓郁的教科研氛围中，我校还成功构建了教师"四式"项目化成长模式，这一模式不仅丰富了教师的成长路径，还为其提供了更为广阔的自主成长空间，有效激发了教师的内在成长动力。在此模式下，教师的成长态势呈现出不断优化的良好局面，具体来说生成了以下几类成长模式。

1. 卷入式成长模式，即人人承担微项目，教师"做中学"。教师根据自己专业所长或兴趣所在，设计并指导学生项目。项目实施的过程中，教师会自主选择学习内容，确立学习目标，并为实现项目目标组织相应的学习活动。基于问题的思考、基于学习的实践已经悄无声息地改变着我校师生的思维模式。

2. 沉浸式成长模式，即参与年级大项目，新手教师"学中做"。伴随学校办学规模的不断扩大，为了让年轻教师尽快适应教师角色，挖掘自身优势，集团建立先锋队，从"研学"抓起，帮助教师在分享中理清主流的教育观念，理解、接纳、应用学校的 PDC 实践育人理念，强化教师基本功，发现自身的问题。

3. 探究式成长模式，即牵头精品项目，骨干教师实践创新。骨干教师牵头跨学科教学的精品项目，教师自主开发或改编项目，对学科实践活动进行 PDC 项目转化。三年的实践中我们完成了学科实践活动项目九大学科的框架体系，这一系统的建构，不仅解决了10％学科实践活动的落地问题，同时也为 PDC 项目研究与国家课程做了科学的链接，真正做到打通学科壁垒，引领学生学以致用、对接生活。

4. 自主式成长模式，即管理年级大项目，专家教师引领成长。专家型的教师组织调控年级项目组人员，独立引领年级大项目。在整个过程中，专家教师在原有的学科背景下突破了学科界限，完善了自己的育人观、学生观、教材观。他们不仅影响了校内的教师和学生，还在线上为全国 PDC 联盟校的师生、家长做了连续十天的公益讲座，受到各方好评。

在浓厚的教科研氛围中，依托独特的"四式"项目化成长模式，我校各层级教师均获得了显著的成长与发展。以我校王晶老师为例，她深入参与了"基于数学知识核心概念下的课堂教学研究"项目，并积极分享了自己的思考与收获。

2015 年北京市教委发布《北京市实施教育部〈义务教育课程设置实验方案〉的课程计划(修订)》，2016 年 6 月 4 日教育部公布了《中国学生发展核心素养(征求意见稿)》，这些方案的出台让我们的课堂教学面临着巨大的挑战。一线数学教师对教材的把握不到位，课堂教学中一课一题、盲目练习的低效教学现象比比皆是。我们不得不思考：如何在正确把握教材知识本质的基础上创新整合使用教材，打造高效课堂，达到提质减负的目标，开展好 10% 的学科实践活动，培养学生的"四基"，发展学生的学科素养。我们的课题就是在这样的背景下应运而生的。最终于 2017 年，在马校长的鼓励下，在市级专家李燕燕老师的指导下，我带领数学团队的几位核心教师申报了朝阳区"十三五"规划课题——"基于数学知识核心概念下的课堂教学研究"。

对于主持课题，我就是一个新手，如何带领教师顺利开展课题研究，从哪些地方入手，如何规划课题研究，成为我面临的主要问题。在李老师的帮助下，我先从教材入手，带领核心教师研读教材，将教材四大领域进行重新划分，纵向梳理与横向联系相结合，将教材知识点纳入相应体系，提炼核心概念，统领本单元的教学。经历了一个暑假的努力，几位核心教师从数与代数、数量关系、图形与几何、统计与概率四个领域对教材进行了梳理，并于开学初对全体教师进行了通识培训，让每一位教师知道每一板块的知识结构和核心概念，以便于各组开展教学研究。接着我们以数学大组教研活动为载体、以研究课为载体，从说课、上课、评课三个方面向全体教师展示各组对课题的思考。例如，前后的知识联系是什么，核心概念是什么，教学设计如何体现核心概念，等等。接下来，我们又对日常教学进行了研究，将单元备课和课时教学进行了调整，以专家研究成果为基础，结合课题进行调整，将高萍主任六步教学法改变为凸显核心概念的六步教学法，将吴正宪老师的单元教学五种课型进行了调整并实施推进。这样就形成了从研读教材、单元整体备课，到课时教学的完整教研过程。

在学校领导的支持下、在专家引领下，经过三年的课题研究，我们的课题于 2020 年 10 月顺利结题，并出版《聚焦核心概念 构建智慧课堂》一书。该书汇集了三年来教师在课题研究方面所取得的成果，包括教学设计、教学案例和论文。课题研究于 2023 年被评为朝阳区优秀科研成果并得到推广。

作为课题负责人，我深深感受在这个过程中，自己从一名经验型教师向科研型教师的转变，体会到了课题研究带给我的成长和发展。

在"四式"项目化成长模式下，我校每位教师参与一项课题研究，拥有一项教育或教学改革项目，主持一项 PDC 学生项目，形成了专家教师引领成长、骨干教师实践创新、年轻教师自主发展的团队面貌。目前我校现有在岗教师 149 人，其中市区级骨干教师 32 人、优秀青年教师 13 人，共计 45 人，约占全体教师的 30%。2017 年至 2021 年，我校教师参加市区级论文评选获奖率逐年提高，共有 602 篇论文在市区级比赛中获奖，255 篇论文或案例发表在《人民教育》等刊物上。学生、家长对教师满意度逐年上

升，由 90％上升到 98％。

教师队伍的建设对于学校的教育品质与发展前景具有至关重要的影响，它是学校教育科研进步的核心要素。而我校也始终将教师队伍建设视为重中之重，致力于培养优秀的教师团队并深入挖掘教师的潜能，以推动学校高质量的发展。

三、教学是突破：开展以学术为指向的教学变革

2019 年，教育部在《关于加强和改进新时代基础教育教研工作的意见》中强调，教研工作是保障基础教育质量的重要支撑。只有以教科研为引领，学校的教育教学工作才能紧跟改革步伐，形成特色与水平，实现可持续发展。为了进一步提高学校的教科研发展水平，教学成为关键突破口。我校从对新课标、"双减"政策及育人体系的研究等方面着手，开展以学术为导向的教学改革，旨在推动学校教科研的深度发展。

1. 研新课标，致力于培育学生核心素养。2022 年，教育部颁布了《义务教育课程方案（2022 年版）》及 16 门义务教育各领域课程标准（2022 年版），明确将课程重心从学科导向转向育人导向，以促进人的全面发展，尤其是将核心素养的养成作为目标，推动新一轮课程改革进程。在此背景下，我校教师通过集中学习、个人研修等多种方式，深入探讨"双新"理念及内容，使学校教育教学秉持素养导向，教学模式更加注重生活化、情境化，紧密跟随教育改革步伐，既提升了学生素养，又促进了教学质量的提升。

例如，我校开展了"五真十力"课堂模型的建构。

在课程改革背景下，新课标最显著的特征是强调"核心素养""育人导向"，这标志着课堂教学从关注知识、关注学科到关注能力、关注育人的根本性转变。为此，学校的"五真十力"课堂模型的建构，从"以教为主"转变到"以学为主"，引导学生真自学、真合作、真分享、真实践，聚焦学生的实际收获，发展学生的核心能力与素养。"五真十力"课堂模型包含教师如何教和学生如何学两大方面，"五真"涵盖"真实激趣——真实探究——真实合作——真实展示——真实应用"五个环节。"真实激趣"要求教师要注重问题驱动，有吸引力；学生要从兴趣出发，有内在驱动力。"真实探究"强调教师要注重提出问题，有思考力；学生要解决问题，有探究力。"真实合作"强调教师要变教为学，有推动力；学生要小组合作，有协同力。"真实展示"强调教师要创设空间，有创新力；学生要交流展示，有表达力。"真实应用"强调教师要融会贯通，有拓展力；学生要迁移应用，有创造力。

再如，我校开展了"项目—驱动—生成"实施模型的建构。

新课标强调，要注重培养学生在真实情境中综合运用知识解决问题的能力。学校在"六类六级"项目群的实施中，打破原有学科壁垒，进行教学方式的创新，形成"项目—驱动—生成"实施模型，通过项目驱动的形式，聚焦真实世界，立足"知识"和"经验"的融合，既关注学生知识素养的储备，又关注学生关键能力的培养，从而助力学生走向真实世界、实现全面发展。"项目—驱动—生成"实施模型的基本思路是以学生生命成长为核心，以项目为载体，驱动学生的兴趣、实践和体验、思维和意识，最终生成经验与技能、素养与情感、态度与价值观，从教育走向生活，让学生将实际收获应用于生活。

2. 研"双减"政策，以减轻学生作业负担。2021 年 7 月，中共中央办公厅、国务院办公厅发布了《关于进一步减轻义务教育阶段学生作业负担和校外培训负担的意见》。随后，2021 年 8 月，中共北京市委办公厅、北京市人民政府办公厅也印发了《北京市关于进一步减轻义务教育阶段学生作业负担和校外培训负担的措施》。"双减"工作是坚定教育方向、实施五育并举、引领教育未来发展的重要举措。如何校本化推进"双减"政策落地、形成个性化解决方案，成为学校亟待解决的问题。基于此，我校根据《关于进一步减轻义务教育阶段学生作业负担和校外培训负担的意见》中指出的落实"双减"工作的五大方向，总结一线学校实践经验，从管理、课程、作业、课后服务、评价、队伍建设等角度出发，进行校本化推进和落实。

例如，我校各科教研组进行了各自领域的作业研究。

在全面推进作业改革、创新作业实施方法的形势下，各科教研组结合学科特点进行了各自领域的作业研究。语文团队开展以"诊断、改变、分层、落实"为主题的系列教研活动，构建作业"生态圈"，变课后强化为课堂优化，努力将作业从原本的学习"强化剂"升级为学生学习的"驱动力"；数学团队从学科素养出发进行学科实践作业设计研究，完成了对数学教材中"数与代数""空间与图形""统计与概率""综合应用"四个领域中实践类作业的设计与实施研究；英语团队充分调研学生对作业的体验与感受，完成了"奖励免写作业机制，分层作业""作业形式多元化""单元整体教学下的作业设计"三个阶段的研究，让英语作业的落实更加灵活有效。"明确课堂结构→活用'目标检测'→统筹作业分类→分层分时辅导"的优化课堂作业设计思路的建立及其引发的各学科的作业研究进一步深化了学校的作业改革，使"双减"的落实逐步走向纵深化。

3. 研育人体系，致力于培养完整而真实的人。在新时代背景下，数字化、信息化、智能化的迅速发展，使得学生成长环境发生了深刻变革，人才培养面临着新的挑战。学科实践、核心素养、五育融合等改革内容的提出，为育人方向提供了进一步的指引。未来人才培养的重心不再局限于知识技能的习得，而更加注重知识学习与社会实践的有效结合，强调学生在真实性情境中综合运用知识解决问题的能力，强调创新精神和实践能力，以及运用知识更好地创造生活和服务社会的能力。在这一背景下，我校自2008年起，历经14年的四轮实践探索，最终构建并实施了"走向真实世界的项目群育人体系"。从最初的摸索实践，到如今的国际化发展，我校的PDC教育取得了显著成果——荣获北京市基础教育教学成果特等奖，学校获得基础教育国家级教学成果一等奖。

例如，我校提出项目群育人理念及目标。

项目群育人理念为"让教育走向完整的真实世界"。这一理念以陶行知教育思想为指导，秉持人本主义，从三个维度提出：一是从教育本质来看，教育要面向生活并回归生活和社会；二是从落实核心素养和教改方向出发，要培养适应终身发展和社会发展需要的必备品格和关键能力；三是从学生生命成长出发，让儿童在动手实践和真实体验中获得解决问题的真能力、真本领。我们认为，教育不是知识的填塞，而是学生内在生命力的驱动。教育要驱动学生的内在潜能和动力，要从学生真实需求出发，对接现实世界，链接真实生活，让学生从课堂走进生活，从学校走入社会，从知识学习走向核心素养，打通学生知识经验、现实生活、社会实践的联系，使他们用学科思维解决现实问题，用生活经历理解深化知识，让他们完成对生活和世界的认知，拥有幸福的人生和完整的生活。

项目群育人目标为"培养完整而真实的人"。"完整的人"是指德、智、体、美、劳全面发展的人。完整的人是具有高尚品德、创新思维、健康体魄、审美情趣、劳动精神等综合素养的人，是能够认识自我、发现自我、完善自我，追求全面发展的人。"真实的人"是指能够融入生活和社会，学会生活、热爱生活、创造生活的人。真实的人不是脱离实际生活存在的人，而是知识、生活与生命真实相融的人，能够从课堂走进生活，从学校走入社会，从知识获得走向素养养成，真正做到学以致用、知行合一，学会生存，学会生活，热爱生活，创造生活。

开展教科研是当今时代学校发展的基本底色，也是学校发展的外在动力。正像加拿大教育改革研究专家迈克尔·富兰所说："我们需要一张不同的处方，以便抓住问题的核心，或者说到达另一个山头。一句话，我们对教育变革需要有一个新的思维方式。"可以说，教科研是撬动起学校深入思考和行动的支点，它让学校有获取不同处方的可能，也让学校及教师拥有更新的思维方式，让学校及师生拥有更多发展的可能。

4

建平台，规划成长阶梯

重教必先重师，强教必先强师。教师是立教之本、兴教之源。新时代下，实现"强国建设、民族复兴"这一宏伟目标，需要不断造就新时代的教育家，以教师之强夯实教育强国之基。党和国家从整体发展战略的高度着眼，出台了《全面深化新时代教师队伍建设改革的意见》《新时代基础教育强师计划》等政策方针，这一方面为新时代高素质教师队伍建设提供了强力支撑，另一方面也对专业化教师的培养工作提出了更高要求。

在这一背景下，学校如何打造一支强有力的教师队伍？如何通过有效措施推进高素质专业化创新型教师队伍建设？如何促进教师专业成长？如何搭建平台、多元鞭策，培养出更多从课堂走出的教育家？……成为学校教育管理实践的关键。

在我看来，教师的专业发展与专业成长是一个自觉、自主、自为的过程，学校只有提供适应教师特点的多元化平台，才能有效促进教师专业发展和专业成长。因此，我们聚焦教师专业发展，以平台为依托，整合资源，创新构建了管理平台、实践平台、文化平台三大平台，透过管理机制保障教师专业发展，依托活动实践推动教师专业发展，通过文化浸润引领教师专业发展，为教师的专业成长提供了清晰有效、多元立体的发展平台。

一、搭设管理平台，撬动教师内生动力

教师作为教学活动的直接参与者，良好的管理机制是帮助教师进行专业发展的基础，它不仅有助于提高教师团队的整体专业能力，还能有效调动教师的积极性，提高学校的凝聚力。基于此，我们聚焦管理，以机制建设为撬动点，不断健全完善教师专业成长的机制，为教师专业能力发展提供有效保障。

1. 健全教师培训机制。教师培训是高素质专业化教师队伍建设的重要环节，是落实立德树人根本任务、推动教育高质量发展的重要保证。为此，我们不断健全和创新学校教师培训机制，破解不同教师群体在专业成长过程中的难题，以更好地为教师专业成长打开通道。

聚焦干部教师，我们提出"三缺三补"的培训策略。具体来说，针对理论知识不足的情况，我们与教育部全国校长培训中心联合举办每两年一届的"呼家楼学区中层干部高研班"，实施菜单式课程，及时更新干部管理理念，提升干部专业素养。针对缺少实践的情况，我们开展"干部深入基层体验式培训"。每个学期，干部在1～2周中承担主要学科课程教学及班主

任工作，组织年级组教研，上示范课，拉近与一线教师的心理距离，提升教学指导能力。针对管理经验欠缺的情况，我们采取干部轮岗制度，创造环境让干部体验不同规模、不同特色学校，以及学区与学校不同级别间不同的管理风格与模式，丰富干部管理经验，提升其工作热情。

聚焦教师，面对教师流动性大、能力水平差异大等问题，我们每学期对全体教师在专业精神、专业知识、专业技能等方面进行培训，全面提升教师综合素质。比如，每个学期针对全体教师开展系列的通识培训，通过理论学习、专题研讨、经验分享等形式，进一步启发思维、开阔视野、提升综合素养。

2. 优化教师研究机制。我们发挥学区资源优势，构建了特色校本研究模式，即创建临近校联合教研组、学区大教研组，开展跨校联聘、跨区域联片教研。通过开展学区特色校本教研活动，不仅促进教师解决自身的不足，也增进了校际的交流，更在走出去、走进来的过程中，丰富了对学科教学的体验，对教师自身教学能力的提升起到了推动作用。

在学校特色校本研究模式下，我校教师的感受和收获颇大，如"走进别的学校，我有了新的体验和新的感受，感觉自己有了依靠，不再是单打独斗，自己的教学想法也可以在别的学校找到同行班并进行再次实践，平时在教学中遇到的一些困惑问题，也能同教研组的老师进行及时的交流"，"能够走出学校、走出学区，和外学区教师同台上课，进行交流，机会难得，锻炼了自己，也收获了成就感"。

3. 完善教师激励机制。管理的艺术不在于鞭策的力度，而在于鼓舞的作用。激励作为调动人的积极性的重要手段之一，贯穿于学校管理活动的始终。建设激励机制的目的是通过一定的激发和鼓励，调动一切积极因素，最大限度调动每一位教师的能动性。基于此，我们充分调动教师在教学工作中的积极性，将"要我发展"的激励模式转变为"我要发展"的激励机制。

一方面，为破解"教师缺少教育艺术，缺乏教改意识"等问题，我们每年举行一届与以往不同内容、不同形式的评比表彰，同时在各级各类培训、学习、考察、交流活动中对获表彰者优先予以安排，发挥榜样引领作用。另一方面，聚焦"干部年龄结构不合理，能力水平有差异"的困境，我们建立梯队化干部培养机制，依据不同层次干部的需求和特点，有针对性地开展培训和教育，提高他们的综合素质。比如，对于新上任的干部，关注对其工作流程规范性和标准化的培养；对于优秀的青年干部教师，关注其向更高水平的发展；对于有经验的干部教师，鼓励其形成鲜明的管理与教学特色。同时，我们还不断优化干部的晋升通道和机会，发挥"鲶鱼效应"，激活干部队伍活力。

"小智治事，中智治人，大智治制。"制度具有全局性、稳定性等特质，是实现长远发展的根本。我校创建管理平台，为提升教师师能、激活每位教师的专业活力提供持续性的保障。

二、创设实践平台，赋能教师多元成长

教育是实践的艺术，教师的专业发展离不开多种形式、多种梯度的实践平台。基于此，我们依据不同年龄段和不同专业发展阶段的教师需求，设置了层次分明的实践路径，解决不同阶段教师的实践难题，为每一位教

师提供有助于专业成长的指引和支持。我校的胡冬卿老师围绕学校为教师搭建的多元化的实践发展平台谈了自己的感受。

胡冬卿：
个性化激活教师发展动力

教师队伍培养需要注重个性化和差异化。每个教师都有自己的特长和优势，也有自己的不足和需要改进的地方。因此，我们不能一刀切地对待所有的教师，而是需要根据他们的实际情况和需求，制定个性化的培养方案。只有这样，才能真正地发挥每个教师的潜力，让他们在自己的领域里做到最好。

比如，对于青年教师，我们要借助学校开展的"新老教师结对""青年教师工作坊"及教学比赛等活动，积极为他们提供教学指导和职业规划建议；对于骨干教师，我们要鼓励其开展教育教学研究，邀请他们参与学校管理，培养其领导力和团队协作能力。除此之外，我们要引导教师总结记录自身教育教学中的"点睛之笔"——教育金句、阅读分享等，将自己的优秀教育教学经验分享给更多的教师。

在开展个性化培养的过程中，我发现教师的创新精神和创造力得到激发，职业幸福感和自豪感也有提升。于我自己而言，借助学校搭建的发展平台，我深刻感受到自己的成长与进步，在拓宽自身教学视野、提升自身教学水平的同时，我更加深入地了解了其他教师，学到了他们的教学经验和技巧，感受到了他们的热情和才华。这种互相学习、互相支持的氛围让我更加珍惜这个团队，也更加愿意为教育事业贡献自己的力量。

1.青年教师夯实专业素养。青年教师是学校教师队伍的新鲜血液，是推进学校教育教学事业高质量发展的"源头活水"。青年教师，特别是刚刚入职的教师，面临着对教材理解把握不到位、课堂实效性不强等现实问题。如何让青年教师快速成长，帮助他们扣好职业生涯的第一粒扣子？这是学校需要思考的问题。

为此，我们聚焦课堂教学，一方面，制定《教师教学指导手册》，帮助新教师熟悉教师职业规范和教育教学工作流程；另一方面，为了让教师更好地把握所教学科的知识体系，我们借助呼家楼学区领导组织学区校长、中层干部、大批优秀教师编写的一套包括语文、数学、英语三个学科的《学科知识框架体系》，帮助教师建立学科知识间的纵向与横向联系，全方位地把握教材，拓展教学的广度、深度、厚度，从而达到全面提高教师的专业水平、课堂效率，学生的学业质量的目的。在使用过程中，我们也不断修订、完善《学科知识框架体系》的内容，深入细致解读新课标，使它们成为教师，尤其是年轻教师的教学助手。

同时，针对课堂实效性不强的问题，我们多管齐下，采用任务驱动与自我实现相结合的策略。例如，师徒结对，以任务驱动策略推动青年教师快速成长；利用联片教研方式，为青年教师提供展示平台；利用多层教研，为青年教师提供不同的阶梯式成长平台。

2. 骨干教师深化专业素养。骨干教师是学校的中流砥柱，是推动教师队伍整体素质提升的重要力量。我校存在骨干教师数量少、流动性大的现状，针对于此，我们采取校本培养与多途径引入相结合的策略。校本培养涉及专家引领、工作室培养等形式，快速提升骨干教师的专业能力。具体来说：以专家为引领，对骨干教师从教育、教学等方面进行理论提升和实践指导，解决其专业成长中的问题；以规划为方向，为骨干教师从现状分析、培养目标、基本策略、保障措施等方面制定三年培养规划，促进其长远发展；以特级教师工作室为方式，形成相对稳定的培养团队，引领骨干教师成长。我校的刘可勤老师积极借助学校搭建的成长平台，深学细研，提升自身专业素养，收获成长。

刘可勤：

在学习中进步，在支持中成长

2022—2023 年是我的班主任生涯中进步最大、收获最多的一年。从参加校级、区级和市级基本功培训、展示，到参加全国交流，入选教育部班主任先进典型。我很庆幸自己获得了一个个沉甸甸的荣誉，但我更加庆幸的是，学校一直是我强有力的后盾，永远支持着我的成长。

忘不了学校组建基本功后援团队帮我一起修改方案的场景。大家你一言我一语，无私地为我答疑解惑，我的思路越来越清晰，我的心也被照得很亮很亮。我越来越清楚自己想打造什么样的班级，育什么样的人。

我不断地学习学校优秀班主任的育人故事，被他们对孩子炽热的爱感动着，也为他们充满智慧的教育举动感染着，心中总会冒出一个念头——看，世界上竟然会有这么好的老师，我应该更加努力。学校还为我们请来了市、区级专家，引领我们既要在教学方式上下功夫，也要在育人理念上深琢磨。从此，我明白了，感人的故事从来不在于语言多么动听和修辞多么精美，而在于教师深厚的情怀和宝贵的智慧。

借助学校搭建的市、区级教师培训活动：情景问答主题培训、主题班会设计培训，我深深地体会到，教育智慧可以慢慢养成，但是"儿童视角为儿童"的初心千万不能忘。我们怎么看待孩子的问题，一定程度上反映了我们对孩子的看法和态度。

在入选了北京市第一届优秀青年班主任工作坊之后，学校不仅给我极大的鼓励，还整体协调，以确保我有充分的时间在工作坊中学习。学校还提供了丰富的线上名师班主任培训资源，让我可以随时随地充电学习。

班主任工作充满新鲜感，也有着无限的挑战。只有不断研修提升，才能更加从容面对，才能为祖国、为人民培养出更多优秀的接班人和建设者。新的时代，需要不断更新思想，思考如何培养出德、智、体、美、劳全面发展的"时代新人"。作为班主任，我一定会牢记使命，坚定初心，不负青春，不负期待，不负每一个可爱的孩子……

3. 名特教师形成教学特色。名特教师是指热爱教育事业、精通教育教学规律、勤于在教学中不断总结并形成自己的教学风格和教学特色、富有人格魅力且在一定范围内具有影响力的优秀教师，他们在学校的教师队伍中起着重要的引领和示范作用。因此，聚焦名特教师的专业发展，我们关注其教学主张与教学风格，注重其教学过程的创新性与艺术性。

我们召开名优教师研讨会，聚焦多方智慧，帮助名特教师破解教育教学中的难题、确立自身教学优势，探寻与确立自己的教学特色，完善优化自己的教学方式、方法，并在实践中淬炼，最终明确个人的教学特色。学校通过研讨会的助推，使名特教师的教学风格和教学思想影响更多教师。

同时，我们注重名特教师的品牌塑造，通过名师讲堂、教学展示会、工作论坛等活动，为名特教师展示教学特色和教学成果搭建平台，充分发挥名特教师的引领与辐射作用，及时推广优秀的教学经验，提升其品牌影响力。

2015 年 12 月 24 日，我校举办了朝阳区呼家楼学区"风格成就教育精彩"工作论坛，会上我校五位班主任进行了精彩展示，德育干部徐峪森老师首先从"适合、唤醒、多元"三个层面就学校班主任队伍的发展情况进行了交流，之后五位班主任分别进行了分享。胡冬卿老师用以师带徒的对话形式介绍如何"巧用教育技巧"；陈兰老师通过和毕业生的对话，展示了她和学生及时分享的教育心得；魏欣老师则通过讲述"多彩的生日 party"，分析了"为你好"和"对你好"的不同；王松老师通过分享和学生在校园生活中的对话，传递了她"敢于放手，接纳和允许孩子的一切错误"的教育理念；李少英老师不仅进行了魅力展示，还分享她作为美术班主任开展"绘本教育"的故事，彰显了她"以美育美"的追求。

在推动名特教师形成个人教学特色的同时，我们也不断激发名特教师的审美力，培育其思考力，提升其创造力，让名特教师从"有经验"迈向"有思想"，从"会教研"走向"会科研"，逐步成为更高阶位的名特教师。

4. 干部教师提升指导能力。干部教师在学校事业发展中扮演着核心角色，是提升治理能力的关键环节，是促进学校高质量发展的关键因素。为提升我校干部教师的指导能力，解决干部教师发展这一痛难点问题，我们开发培训课程，组织科研活动，拓宽国际视野。

具体来说，在开发培训课程方面，我们为干部教师打造项目式的课程培训，如"变革时代的教师队伍带领"主题培训、"沟通与情商领导力"主题培训、"创客教育"主题培训、"STEM""STEAM""PBL"主题培训，以促进干部成长，提高管理水平。我校的于慧妍老师在项目式的课程培训中，不仅加深了对项目式学习的理解，还在教学观念和教学方式上实现了潜移默化的转变。

于慧妍：

转变，就是这样发生的……

"驱动——撬动——灵动——生动"——仅仅一个"驱动"问题，就打开了教师和学生的视野，使其走进更广阔的学习空间；就是这个支点，"撬动"着我们的思维，将各学科有机地融合到一起；以"灵动"的学习方式，去探索有趣、有意义的领域；让研究成果更加"生动"，在有限的时间实现最大的价值。

·从课程到生活——在做中学

为北京的车辆寻找一个"家"——四年级学生的自主实践研究源于生活中的问题。学生研究并尝试去解决这一问题，主动从多方面、多渠道获取相关资料。在研究的实践过程中，学生体验着"生活中的数学"和"学以致用"，通过"探究——实践——探究"的过程，提升了创新思维能力。

引领学生立足生活，助力学生持续成长。在研究过程中，学生不仅增长了知识，增强了技能，也获得情感、态度、价值观的提升。研究过程中对科学精神的熏陶、对意志品质的磨炼、对自我实现的培育，对学生具有重要意义。

·从课堂到社会——在学中做

自主学习实践的开展调动了学生的兴趣，培养了他们的思维能力和自我意识。这一过程不仅帮助学生积累了宝贵的经验，还提升了他们的综合素质和情感表达能力，塑造了他们的态度和价值观。

在整个实践活动的过程中，孩子们的想法虽然稚嫩，有些设想也太理想化，但孩子们真正感受到了研究过程中亲身参与、大胆创新和努力实践带来的成就感，也为自己能为城市发展尽一份微薄之力而感到自豪！

·从引领到陪伴——转变角色

生活本就是大课堂，任何一个问题都涉及诸多学科，学科之间相辅相成。在此次实践研究活动中，学生需要综合运用多学科的知识，将数学、语文、科学、道法、美术等学科的知识进行整合与应用。

实践研究活动具有跨学科性和实践性强的特点，教师只关注自己学科领域的知识显然是不够的，想要更好地在实践中给予孩子们辅助和指导，教师需要静下心来补充其他学科的知识，只有不断学习才能适应新时代教育的要求，才能给予孩子更全面、更深入的指导和陪伴。

转变，就是在这样的学习模式下，在不断的、超出预期的生成中，悄悄地发生着……

我校的许洁老师在参与项目式课程培训的过程中，不断提升自己的研究指导能力，以更好地引领教师团队，推动 PDC 实践育人理念的深入发展和学生能力的全面提升。

许洁：
换一个角度和项目相遇

2023 年期末，学校组织 PDC 联盟校进行了一场项目式课程的培训，与过往不同的是，这次我会以项目导师的身份参与其中。培训之前的心情是忐忑的，虽然带着学生做项目已经有近 8 年的时间了，但是要把自己所学所做整合成经验传递出去还是充满挑战的。好在这次培训与首都师范大学崔嵘教授的团队进行合作，我一边听其他人做项目培训，一边梳理自己的经验，反倒比以往的培训更加深入和有针对性。实际上，这样以解决问题为出发点的学习正是项目式学习的核心。

在用理论指导项目实践的过程中，我认识到可以通过设定"项目里程碑"切实有效地推进项目开展，即对项目每一个研究阶段所要达成的目标，学生要知道什么、做到什么、完成什么作品及相应的评价标准等都要提前做好预设，同时针对学生遇到的问题及时进行指导。

在进行项目指导时，首都师范大学老师关于"怎样确定项目选题？如何拟定驱动问题？"等的追问进一步启发了我的思考，为此我重读了PDC项目实操手册和其他有关项目式学习的书籍，更深刻地认识到，指导的过程也是交流和深入思考的过程。

首都师范大学导师团队中的李雅婷博士是我硕士研究生阶段的同学。我们同属一个导师组，那时就一起探讨项目学习，在教与学的方式方法上共研科学教育学。毕业后我走进了小学，雅婷则继续深造，之后留在大学任教。昔日对项目研究充满理想的人在各自的领域践行着、摸索着，今日的相逢让我们对项目研究的热情和理想得到了新的激发和升华。

这次的培训让我能换一个角度和项目学习相遇，感觉到项目学习因为对接学生、因为走进生活，更具有生命力了。我会继续深入地钻研、积极地实践，充分挖掘和发挥项目学习的价值！

除此之外，为加强沟通交流，我们进一步规范了干部的每月专题交流活动，每月组织各校区教学干部进行业务、理论、前沿动向等方面的专题学习、研讨活动，分享学习感悟，结合听课、评课谈心得等。每月一次的活动促使干部不断学习、勤于思考、转变观念，也充分利用了各校区教师的优势资源。

"学然后知不足，教然后知困。"丰富多元的实践平台为教师锤炼自身专业能力提供了多种渠道，让教师找到了自身专业提升的切入点和突破口，不断在学习中开展实践探索，在实践中深入思考，在扎根蓄势中实现拔节生长。

三、创建文化平台，引领教师专业精神

文化，作为一种传统、风气和氛围，是一种行事的准则，对教师的专业发展有着深远的影响。基于此，我们聚焦文化，以"关注学生发展"为核心，打造以自省、尊重、合作、创新为核心的文化平台。这不仅是促进教师专业化发展的必由之路，也是提升教育内涵的必然要求。

1. 自省文化。自省是教师自身发展的基础和前提，也是教师成长的起点。教师自省是促进教师专业发展和职业成熟的有效方式，因此，我们的首要任务就是营造专业发展过程中的自省文化，让自省成为一种教学习惯，成为一种思维方式，引导教师发现问题、分析问题、解决问题，提升专业水平。

其一，引导教师反思和不断调整教育理念。全面实施素质教育既要有

面向全体学生的目标，也应当从学生的个性发展和潜能开发着手，培养学生的自主发展意识和能力，建立推动人人成才的有效机制，从而提供促进教育公平、适合每个学生发展的教育环境。因此，从是否有助于学生的全面发展、个性发展的角度来反思我们的教育理念，是最重要的一步，这是指导我们实施正确的教育行为的航向标。

其二，培养教师的问题意识，让教师在问题情境中，寻找自省的切入点。教师从观察学生的言行、观察学生的反应、分析学生的心理中发现问题，然后从中反思自己的教育教学行为，以及隐藏在行为背后的教育理念。教师每天再忙再累，也要抽出时间记下自省日记或教育随笔，可以只是简短的几句话，这样有助于及时发现问题，及时采取补救措施，逐步养成自省习惯。

其三，引导教师围绕课前、课中、课后开展自省。课堂教学的精彩不只体现为教师执教的精彩，更应是学生的精彩！为此，我们聚焦课堂教学，构建了以学生发展为核心，基于问题—认知—思维—经验螺旋上升的教师自省文化：课前要细致地分析了解学生，在此基础上充分把握教材，精心设计教学进程，恰当选择教学方法，准确拟定教学目标并对学生可能出现的多种反应做出预测；课中要自省，如课堂上激发、引导学生自主学习了吗；课后还要自省，如思考这节课在知识、能力、方法、情感等方面可能带给学生什么收获。

其四，通过信息技术，通过"微博"平台随时随地分享教师的自省。微博是一种通过关注机制分享简短实时信息的广播式的社交网络平台，它使信息共享便捷、迅速成为现实。我们鼓励教师开通微博和博客随时随地进行自省，也对别人的观点、教学设计等进行点评，同时分享自己的看法。

2. 尊重文化。我们把每一位教师都放在专业发展的主体位置上，提出"你飞多高，舞台就为你搭多高"的口号，倡导教师在倾听、包容、和谐、共享的氛围中，从"受训者"转变为"研修者"，主动参与学习和研究，享受着职业成长的幸福。具体来说，尊重文化的营造应从尊重每一位教师、每一位学生，从真诚的对话开始。

其一，从尊重每一位教师开始。由于年龄、职称、教学经历、发展空间等不同，教师在专业发展方面的需求、目标、途径等也是不同的，要尊重教师的发展差异，为不同的教师搭建不同的发展平台，让教师都能获得最大的发展机会。我们实施师徒结对的方式，充分发挥骨干教师的示范引领作用，带动青年教师成长；通过引进优质资源，引进外区的名师力量，承办市区级现场会等为骨干教师打造展示锻炼的平台；我们为名特教师召开个人研讨会，梳理他们的教育理念和成绩并转化为成果集，打造专业特色。

其二，从尊重每一位学生开始。尊重学生，就是尊重学生学习的实际、尊重学生的个体差异、尊重学生学习的不同方式。校本教研是以教师为研究主体，以教师怎么教为研究内容，以让学生学会、学好为目标指向。为了聆听学生在课堂学习中的真实感受，我们把学生引进教研活动，直接与学生对话，了解他们的所思所想和实际问题。这样的方式能较好地引导教师加强对学生认知水平和学习方式差异的关注，使课堂教学从静下心来聆听学生的真实问题开始，真正立足于解决学生的实际问题。

其三，从尊重真诚的对话开始。在教研活动中，我们鼓励教师敞开心扉谈观点，说真话、真思考、真研讨、真碰撞，与专家进行互动对话，与同伴面对面讨论交流，这样有利于提升教师对问题或者观点的理解力、洞察力、批判力和自省力，从而实现教师专业成长的隐性引导。

3. 合作文化。合作文化是指按照某种合作方式，在互动过程中获得彼此支持，达成合作目标。它可以使教师各自的教学实践经验被充分共享，使薄弱校教师获得专业资源的支持，也能改善学校组织内部的人际关系，为教师提供情感的支持。教师的合作互助符合教师个性发展的需要，建立基于共同目标下群体成员互动的教师合作文化，可以产生良好的效果。为此，我们以校际合作、教师合作、师生合作为出发点，分别从校本教研活动、课堂观察活动、实践交流活动三方面搭建合作研究平台。

其一，以校本教研活动搭建校际合作研究平台。以校为本的教学研究是教师合作文化的重要载体。我们坚持以学校为主、以行动为主、以问题为主、以学生发展为本的基本原则，开展校本教研活动，通过跨校联聘、组建临近校联合教研组、"领雁工程"师徒结对活动，促进校际合作；通过组织教研经验分享活动促进校际教研组的合作，不断提升校本教研的品质。

其二，借助课堂观察活动组建教师合作研究平台。我们以学区核心组为主体开展相应的教学研究活动，通过同学科、跨学科的整合，促进教师之间的合作；积极倡导以"合作互惠、共同发展"为指向的专业听评课——课堂观察活动，引导教师组建课堂观察小组，共同研究确定观察点、分配任务、制定观察量表，课中教师各司其职、收集内容，课后交流反思，基于内容发表观点、提出建议，教师之间平等对话，进行真正的合作，开展真正的研究，促进合作的深入，最终提高教师教学水平。

其三，开展实践交流活动，构建师生合作平台。师生合作使教师和学生都成为课程改革的受益者。我们以开展聆听学生真实声音的实践活动为主线，关注学生学习中存在的困难和问题，采取有效的教学策略引导帮助学生，加强教师自身对学科的认识和对学生的理解，促进师生的共同发展，实现教学相长，彰显合作文化的魅力。

4. 创新文化。创新文化对教师的专业成长起着重要作用，它能扩大教师的影响力，增强教师的凝聚力和号召力，实现教师教学管理模式的转变，提高教师的竞争力，推动学校文化的发展。因此，推动学校的创新文化发展是学校教师乃至学校生存与发展的关键。基于此，我们从教研模式、培训模式、课堂教学模式、管理模式等方面进行创新文化的营造。

其一，教研模式创新。我们以提高教研实效性为切入点，实施了跨校联聘、临近校联合教研组、跨学区(异地)联聘、学区青年核心组等教研模式，搭建教师成长平台，大力打造骨干教师，促进了学校教育的均衡发展。

其二，培训模式创新。我们立足教师的教学实效，创新培训模式，以邀请教师参与编写《教师教学指导手册》《学科知识框架体系》《思维习惯培养纲要》的方式，对教师进行专业的培训，提升了教师对教材、新课标的理解和把握能力。

其三，课堂教学模式创新。为充分发挥骨干教师的引领作用，我们调整了骨干教师走班式教学的课堂教学模式，实现优质资源的共享。同时，整合各学科资源，实现同内容共讲的新授课方式，最大限度地扩大骨干教师的影响力。

其四，管理模式创新。创新人才的使用是实现优质教育的重要保障，为此，我们筹备建立了后备干部人才库，与教委人才资源库对接，实行中层干部考核答辩、选拔任用、流动共享的管理模式，加强了对人才的有效管理。

我们积极逐步构建了学区层面的学校、干部、教师、学生、课堂五大评价体系，促进了学校管理水平的提升及教师教育教学行为的规范，提高了学校办学质量。

道阻且长，行则将至！教师的专业成长是一个动态发展、不断进步的过程。在这漫漫征途中，我们将始终关注教师师能提升，以"唤醒、积蓄、成长"为钥匙，以"平台"为切入口，打出教师专业提升的"组合拳"，激发教师内在潜能，支持教师自主成长，助力教师专业知识技能的提升、专业精神的培养，真正为教师专业成长强基赋能。

5

创评价，激活内生动力

教育评价事关教育发展方向，教师评价亦是如此，有什么样的教师评价机制，就会形成什么样的教师发展格局，就会导向什么样的教育教学生态。党的十八大以来，以习近平同志为核心的党中央高度重视教育评价改革工作，认为这是推动教育高质量发展的关键环节。近年来，政府出台了一系列政策文件，强调要建立一个更加科学、全面、公平的教育评价体系。

为深入贯彻落实新时代习近平总书记关于教育评价的重要论述，践行"四有"好老师精神，我校逐步建立和完善"五大评价体系"，聚焦教师评价，基于三点考虑——教师是人，是专业的人，是终身学习者，构建起刚性与弹性并存的教师成长评价体系，以评促建、以评促管、以评促发展，力求通过教师评价激励机制的建立健全，实现教师"评价—激励—发展"一体化建设，进而引领全体教师建立面向未来、主动健康、持续发展的自我成长意识，不断激活内在发展自觉和内生发展动力。

一、从课堂教学切入，开启教师评价探索之路

我校对于教师评价的研究是从解决课堂教学的问题入手的。深入课堂调研，我们发现：教师亲和力差，师生关系不和谐，导致课堂气氛沉闷、学生的学习兴趣不浓，严重影响了课堂教学效率；教师较少从学生的角度出发设计教学，课堂中的问题设计多是一问一答式，没有给学生思考的空间……为了改变这些问题，我们出台了以活跃课堂气氛、促进师生和谐为目的的《课堂教学评价方案》。方案实施后，我校师生关系得以改善，提高了学生主动学习和教师自我提升的积极性，也开启了我校教师评价的探索之路。

伴随着基础教育课程改革的深入，我校根据教师实际发展情况，设计了《教师评价方案》《教师教学指导手册》，不仅规范了教师的教学行为，而且有效地对教师开展理论层面和操作层面的指导。

我校对《教师评价方案》边试用、边完善、边补充，最终形成了一套完善的教师评价制度。为了更好地提供支持和保障，我校制订了《学校整体工作评价方案》，确定了素质、能力、业务三方面的考核标准，修订了《干部发展性评价考核程序及办法》，用以支持课堂教学质量的提升和教师的可持续发展。

二、优化教师评价机制，推动教师专业成长

古人云："善之本在教，教之本在师。"教师评价作为教育的风向标，对教师的发展方向和学生的成长路径具有重要的指导作用。在"为促进教师发展而评价"理念的指引下，我校改进、完善并不断优化教师评价的内容和形式，形成了包含基础性、自我发展性、发展创新性三个部分的评价内容，并在教师评价过程中，依托教育评价的新理念，围绕评价主体多元化、评价方式多样化、评价过程动态化、评价标准个性化等，探索实施多元化的教师评价方法，深度推动学校教师的专业化成长。

1. 形成层层递进的教师评价内容。我校立足不同阶段教师的实际情况，依据不同岗位，同一工作岗位的不同任务、不同工作的情况，设计了包含基础性、自我发展性、发展创新性三个部分的层层递进的教师评价内容，为每一位教师提供适切的评价方向，促进教师循序渐进地成长与发展。

其一，基础性评价内容。基础性评价旨在对一些常规性教师工作进行评价考核，其各项评价指标属于全体教师均应达到的基本标准，体现了评价的基础性、规范性和导向性的特点。它将教师工作细化、实化、量化，从师德表现、课堂教学、德育工作（班主任、非班主任工作）、教育教学研究等维度出发，包含了详细的教师评价指标和要点。

以课堂教学为例，我们聚焦常态课堂，通过明确常态课堂评价观察点，围绕教师的课前准备、教学目标、教学内容、教学过程、教学方法、

教学基本功、教学效果等方面，形成多个教师评价要点，并划出四级评价等级，具体评价教师的基本教学行为，引导教师扎实基本功、提升课堂教学能力。此外，我校还形成了常态课"四度"关注的评价标准，特别提出"教师关注度"，即要求教师充分研究学情，分析学生学习心理活动，合理预设教学梯度，有效开展因材施教；面向全体学生，对不同层面的学生进行适时点拨指导，对学困生开展课中辅导；挖掘教材育德点，结合学科内容适时适度落实立德树人目标，注重学生核心素养的提升。

其二，自我发展性评价内容。自我发展性评价旨在提升教师的自我发展意识与能力，强调教师的自主发展，其各项评价指标是建立在教师梯队建设之上的，对不同年龄段、不同能力水平的教师有着不同的评价标准，体现了评价的灵活性和自主性的特点。

对于新入职的年轻教师，重落实，抓规范，要求他们做到适应教育教学生活、注重教师个人角色的转变，力争在各方面达到标准；对于具有一定经验、能够胜任职位的青年教师，重学习，抓业务，要求他们注重自身教学基本功的精进；对于骨干教师，重实践，强能力，要求他们快速提升专业能力与实践素养；对于名特教师，重引领，创风格，要求他们拓宽视野，站在新时代教育发展的高度，审视自己，务实行动，将经验和技能融为一体，逐步形成自己的教育风格，在实践上也能够不断创新。

其三，发展创新性评价内容。发展创新性评价旨在考核一些个性化、特色化的教师工作，它以项目研究的方式进行，关注评价对象的预设性、计划性和创造性。我校尊重教师个体差异，从他们的个性化专业发展需求出发，依托 PDC 项目，从项目立项、研究计划的制订、驱动性问题设计、项目教学表现、项目成果展示等方面科学、全面、客观地进行评价，引导教师在团队合作过程中实现自身专业发展目标和团队共同目标，鼓励教师工作的创新性，让教师教育教学实践中的新思路、新经验得以推广。在这样的教师评价导向下，教师的创新意识和创新能力逐步提高。我校教师积极参与 PDC 项目的研发与建设，鹿淼和王杰老师就是其中的佼佼者。

鹿淼、王杰：
基于 PDC 理念下的教师成长

　　作为教育人，我们一直在思考：未来，什么才是真正值得学习的、有用的知识？哪些能力是孩子们闯荡世界所必需的？怎么样的学习才是真正的学习？要回答这些问题，我们必须重新思考未来学校的功能，勾画未来教师的模样。

　　PDC 理念正是在这样一个大的时代背景下，正是基于学校对未来人才培养标准的解读、对未来教育的思考产生的。PDC 理念强调的是一种育人观念的转变，通过项目驱动的方式达成育人目标，帮孩子完成对生活和世界的价值建构，成长为具有良好生存和幸福生活能力的人。同时，在 PDC 理念的影响下，在相关评价标准的指导下，教师也逐渐成为眼中有孩子、心里懂孩子的"四有"好老师。

　　基于 PDC 理念，学校更加关心人的发展与幸福成长。作为教育实践中极为关键的人，教师专业发展的内在动力至关重要。我校的发展性教师评价凸显出以人为本的特色，强调：教师是人，是发展中的个体；教师是专业的人，是具有专业性的、从事教育事业的专业人员；教师作为终身学习者，兼具多重身份。我校的教师评价体系包含基础性、自我发展性、发展创新性三部分，评价的细则既包含教师的行为底线，又规划出教师的发展目标，给不同发展阶段的教师以明确的发展方向指引。

事实证明，当我们被认同、被尊重、被关怀和理解时，我们的事业心、成就感、自我效能感和自信心也会在相当大的程度上得到提升，这会激发我们成长的内驱力，增强我们的价值认同感。在实践中，我们时刻以评价为导向，以活动促提升，从学校大教研—组内小教研—学科微教研层层深入，遵循项目—驱动—生成的理念，在项目的推进中不断地发现自我、修正自我，不断成长。

当一群对教育有着共同愿景的人汇聚起来，就会形成一股力量，推动中国教育改革朝着我们理想的方向发展，给孩子以未来，给民族以希望！

---

2. 探索实施多元化的教师评价方法。我校立足学校实际设计并逐步完善各项评价标准，形成促进师生主体发展的评价机制，强调评价主体多元化、评价方式多样化，体现评价的科学性；同时重视评价的发展功能，强调评价过程动态化、评价标准人性化，既关注个体发展的内容质量，又注重个体发展的成长过程，实现评价的发展性。

其一，坚持评价主体多元化，变被动评价为主动发展。我校坚持评价主体多元化，采取将教师自我评价，教师互评与学生、家长、社区、专家等他人评价相结合的方式，对教师的专业精神、专业知识、专业能力进行综合评价，并逐步加大教师自评和家长评价的权重。比如，我校重新修改《教师评价方案》时，精心设计了包含工作态度、教学水平、关注学生程度的调查问卷，邀请家长参与评价，并及时向教师反馈，便于教师全面了解自己、自我完善。

其二，探索评价方式多样化，丰富评价手段。我校坚持评价方式多元化，对教师实施多方面、全方位的评价。评价方式多样化的立足点，一是根据评价内容和评价对象，选择不同的评价方式，如定性评价与定量评价相结合、日常评价与集中评价相结合等。二是采用多种评价手段，如定期开展针对年轻老师的基本功比赛，考查青年教师的五项能力——备课、说课、讲课、作业、板书；举办教学经验交流、教育故事分享、微课题研究汇报等开放式互动活动；每年开展一届与以往不同内容、不同形式的评比表彰活动。例如，我校定期举办教案展示活动，教师们积极踊跃地参与其中，展示自己的教案，发表自己的观点，发现自己的不足。这项活动促使我校教师仔细钻研教材，在相互借鉴中共同学习、共同提高。

其三，提倡评价过程动态化，努力发挥评价的激励作用。我校提倡评价过程动态化，将终结性评价与形成性评价有机地结合起来，不仅关注评价结果，更突出过程。评价过程中注重教师的教学成果、科研能力、社会影响力等多方面的因素。在这一评价导向下，我校徐峪森老师改变传统评价过于强调成绩的形式，从多个维度来评价自己和学生的表现，运用形成性评价和终结性评价相结合的方式，更全面地反映学生的学习情况和发展潜力，也为学生提供更有针对性的指导和帮助。

徐峪森：

多元评价，每个孩子都精彩

我们用欣赏的眼光看待每个生命个体，以多元评价的方式鼓励学生成为更好的自己。

有一个很不起眼的五年级男孩子小 A，他找到我说："徐主任，我挺羡慕那些闪光的同学的。"

我察觉到了他的真挚情感及对被认可的渴望，于是我问："你羡慕他们，为什么不成为他们那样的人呢？"

"我学习不好，脾气也不好！"他无奈但很坦诚地说。

"每个人的精彩不一样，坚持做好一件事就很精彩呀！"

"真的！那我喜欢拍照，特别是拍火车，已经坚持了好几年，哪有好的素材我就去哪拍，您看我拍的照片！"就这样，他滔滔不绝地把他拍火车的故事讲给我听……

在我的鼓励下，他和其他有着共同摄影爱好的同学组成了"摄影社团"，他们的口号是"留住美好，成为自己"。他开始活跃在学校的社团活动、运动会等活动中，组织他的社团成员为活动拍照。各类活动中总能看到他们自信的微笑，他们在同学中的知名度逐渐高了起来。每次得到大家的肯定时，他都会说："我继续努力！"

上了中学后，我询问他的学习，他自信地告诉我，虽然成绩不怎么样，但确实在努力，也明确学习的目标，依然每天抽时间拍摄照片，这带给他快乐。

有一次，我要邀请毕业生回母校进行毕业生访谈活动，他主动给我打电话，"徐主任，我也想回去谈一谈"，还没等我问，他继续说道，"我虽然学习不行吧，但我乐观、善良，特别是自己喜欢的事情，我会持之以恒地做下去。您觉得呢?"我给了他一个大大的肯定，"你一定有听众！善良、乐观，坚持做好一件事是多么值得称赞的品质呀！"

果然，在访谈活动中，他讲述的成长故事激发了更多的普通孩子的梦想。

其四，推进评价标准人性化，让评价落到实处。我校坚持评价标准人性化，将标准的规范化与个性化相结合，使其既符合规章制度、程序民主、标准一致，又关注教师的个体差异，并为不同发展阶段教师的发展提供充足的空间。我们为处于不同发展阶段的教师制定了长远规划和短期规划，做到导向明确、重点突出。

三、强化正向激励机制，激发教师队伍活力

我们坚信，每一个人都拥有着无限的潜能和价值。注重对教师的激

励和引领，是我校一直在做的事情。在评价工作中，我校首先把人作为评价工作的出发点与落脚点，关怀、呵护每一位教师，发现教师身上独一无二的亮点，知人善用，用人所长，以此激活教师的内在潜能，使教师都能被看见、被认可、被重视，让学校的每一位教师都能够获得成就感。

我校强化正向激励机制，通过薪酬激励、职称激励等方式，以表彰传递荣誉、以榜样激励前行；通过教师梯队培养，发挥"鲶鱼效应"，促进教师自觉成长；通过为教师提供专业培训和职业发展机会，帮助教师增长见识、丰厚学识、全面发展；通过设置多种展示舞台，组织多种文化活动，让教师在努力工作的同时，感受到学校大家庭的关爱与温暖。我校魏欣和许廷飞老师就是在学校多样的正向激励机制下不断成长，实现了自我的超越与发展。

魏欣：

在激励中成长

扎实的知识功底、过硬的教学能力、勤勉的教学态度、科学的教学方法是教师应具备的基本素质。我们的学校非常注重教师专业的发展，更通过多元的奖励激励机制鼓励每位老师提升业务技能，形成自己的教育教学特色。

记得 2009 年刚调入本部不久，学校就安排我任年级组长。面对全组都是比我教学经验丰富的教师，初来乍到的我，真的有些不知所措。校长拍着我的肩膀说："年轻人需要的是一种无畏的精神，更需要的是不断学习、不断创新的精神，相信你能够胜任。"校长的鼓励让我打消了退缩的念头，我更努力地钻研教材，学习国内外先进的教学理念，寻找自己的创新点与突破点。在 PDC 项目开展初期，在学校领导的启发之下，我带领组内老师积极实践，所实施的"小农庄 大学问"年级项目取得了显著的成绩。当时，正好有一个赴东北交流研讨的活动，由于我之前在 PDC 项目中的出色表现，学校特别奖励我带领组内两位老师赴东北进行交流。之后两次类似的活动，都由我带队参与，使我的专业素养和个人修养都得到了显著提升。

学校还鼓励年轻教师在教育、教学方面双管齐下，做班主任和教学方面的双料骨干。学校实行行政组长负责制，组长们获得了更大的空间，这不仅激励我们从更高的视角理解教师的需求，还促使我们因势利导、打造年级特色、促进年级的均衡和可持续发展。校长总会适时地听取我们的工作汇报，提出建设性意见，更会给予我们鼓励，使我们能够在工作中碰撞出更多智慧的火花。

一路走来，我见证了学校不断壮大、飞速发展。这一路上也同样留下了我成长的足迹。学生需要被激发、被点燃，教师亦如此。

许廷飞：

"校长奖励基金"助成长

2020 年新学期，马骏校长为了能够更好地激励教师为学校做贡献，设立了"校长奖励基金"，那一年是我来到呼家楼中心小学的第二年。这一年，在学校的支持与家长的配合下，我作为学生的指导教师带领孩子们参与了北京市中小学生金鹏科技论坛与全国青少年科技创新大赛等活动，不仅提升了孩子们的科学素养，获得了较好名次，还为学校带来了科技活动方面成果的一次又一次的突破，于是我很荣幸地成为"校长奖励基金"的首位获得者。这份来自学校的奖励是对我工作的肯定，我把它用作之后社团活动的活动资金。

此后，我利用课后服务时间成立了自己的科学社团，以学期为单位招募低年级的学生参与到社团活动中，带领孩子们关注"自然科学"与"社会科学"等方面的社会问题。我们一同前往老旧小区为废弃车棚的改造建言献策；来到学校周边的二道沟了解夏季蚊虫大量繁殖的原因，并向环境部门提出治理建议；前往宠物咖啡厅，针对其安全隐患提出改进方案等。各项活动的支出都来自那笔"校长奖励基金"。这一份奖励，我将它用在了从 2020 年到 2024 年的每一次学生活动中，我把它用在学校科学社团的创新人才培养上，也希望与学生们共同分享这一份荣誉带来的喜悦。

通过不断努力，我校学生连续 4 年获得朝阳区"金鹏科技论坛"与"青少年科技创新大赛"的一等奖，晋级的项目更是拿到了市级一等奖与二等奖的好名次。在未来的教育教学过程中，我会继续带着这份荣誉前行，在学校激励制度的持续鼓励下，一定会有更多优秀的老师被看到、被肯定、被激励，这些优秀的老师会在校长的引领下带动整个学校蓬勃发展。

此外，我校还通过各类媒体资源和社会活动，创造各种机会，运用多种方式，不断把优秀教师推向更广阔的社会舞台，打造独具风格的品牌教师及优秀教师团队。

教师评价是激发教师动力、提升教师职业幸福感的有效方式。我校的教师评价体系，贯穿以人为本的精神内核，将落脚点放在人的可持续发展上，力求通过评价、激励、发展一体化建设，通过多元、多层次、多角度的评价激励机制，发现并展示每一位教师的闪光点，引导教师潜心教书育人、释放教育活力。无论从教师的长远发展来看，还是从教师的专业化成长来看，我校的教师成长评价体系都发挥了较为显著的成效。

第四章

唤醒关怀力，
做"有仁爱之心"的好老师

高尔基说："谁爱孩子，孩子就爱谁。只有爱孩子的人，他才可以教育孩子。"教育是一门仁而爱人的事业，爱是教育的灵魂，没有爱就没有教育。好老师应该是仁师，没有爱心的人不可能成为好老师。教育风格可以因人而异，但爱是永恒的主题。

本章主要从我们对"仁爱之心"的理解出发，聚焦教师幸福感、师生互动、家校合作、爱心行动，阐述学校如何培养教师的"仁爱之心"，教师是如何在教育教学中践行"仁爱之心"、在学生心中播撒"仁爱之心"的。

1

用心做教育，用爱做仁师

哲学家雅斯贝尔斯在《什么是教育》一书中写到："教育就是一棵树摇动另一棵树，一朵云推动另一朵云，一个灵魂唤醒另一个灵魂。"我时常问自己，什么样的教师能称得上是好老师？我是一个严格意义上的好老师吗？怎样才能做一名好老师？带着这些问题，我在教育之路上且思且行、上下求索。

在我看来，好老师的眼神应该是慈爱、友善、温情的，透着智慧、透着真情。好老师对学生的教育和引导应该是充满爱心和信任的，在严爱相济的前提下晓之以理、动之以情，让学生"亲其师""信其道"。好老师懂得用爱培育爱、激发爱、传播爱，通过真情、真心、真诚拉近与学生的距离，滋润学生的心田。好老师应该把自己的温暖和情感倾注到每一个学生身上，用赞赏增强学生的信心，用信任建立学生的自尊心，让每一个学生都健康成长，让每一个学生都能体验到成功带来的喜悦。

一、尊重儿童天性，坚守仁爱之心

孟子说："仁者爱人，有礼者敬人。爱人者，人恒爱之；敬人者，人恒敬之。"陶行知先生说："爱是一种伟大的力量，没有爱便没有教育。"仁爱之心，已经刻入中华优秀传统文化的基因，植根在中国人内心，潜移默化影响着中国人的思想方式和行为方式。尊重儿童天性，就是一种对仁爱之心的坚守。

儿童有自身的发展规律，有着巨大的可塑性和发展性，但也有着不成熟性。教师应以仁爱之心看待未成年学生与成人的巨大差异，把问题和不足看作成长路上的必然，悦纳学生的问题与不足，俯下身倾听学生的心声，并耐心细致地引导他们进步，学生便能在温暖的环境中不断成长。我校杨艺老师就是这样一位仁而爱人的好老师，她在教育教学的过程中不断思考：我们的学生在成长过程中如何从一个自然人变成一个社会人？作为老师，在学生发生这个转变的过程中如何引导？如何在保留其天性的同时培养学生的责任心？

杨艺：
培养学生的责任心

开学了，各班学生陆续到科学教室上我的科学课。科学教室的椅子不新了，是那种可以通过旋转升降的椅子。开学讲规则时我提醒各班孩子上课时不要来回转椅子，一是影响上课，二是转多了椅座容易脱落，不仅可能损坏椅子，还容易伤到人。但是总有些孩子不能很好地控制自己。一次，一个小男孩扭来扭去，把椅子转得很高，我在课上批评了他，处理方式就是让他站起来把椅子转回合适的高度再坐下，当着全班的面，我的态度很坚定。

后来在楼道里遇到这个小男孩，他突然对我说："您是科学老师吧？您是罚我在科学课上转椅子来着吧？"我听了有些哭笑不得，大概他认为我是在惩罚他，于是我反问他："知道老师为什么让你转椅子吗？"我特意将"罚"这个词换成了"让"。他说"因为我把椅子转很高"，我又问"你为什么转很高"，他说"因为好玩"，我接着问："那你知道我为什么不让转椅子吗？"他很清楚地说了原因："怕我摔了"，听到他知道原因我很欣慰，并告诉他我很高兴他清楚原因，希望他在课上不再转椅子。

后来上课他的确不转椅子了，但还是坐不住，喜欢动来动去，和别人说话，也影响了其他人上课。下课了，他总喜欢跟我聊天，还表示想帮我拿东西，我说希望你先自己做好，再帮助别人。但是我发现这样并不能让他控制好自己，他就是喜欢动来动去。后来一次偶然的机会，校园科学广播站需要再招两名小广播员，我让现有的广播员去自己班里问问，最后这个男孩被同学推荐来，我觉得也可能是他自己争取的。第一次广播时，他读得很顺很稳，声音洪亮，我发现他也有专注的一面，那应该源自他的责任心和表现欲吧。

我想，不如先给他任务，让他有事做，担负起责任，应该就能更专注做事而不打扰别人了。后来，由于疫情，科学课改在各班上课，我需要把上课用的材料从一层科学教室搬到各个班里去。轮到给他的班上课，我就会让这个男孩和课代表一起去拿上课用的材料，他很高兴。我说我只说一遍位置，听清楚才能拿准确呦，结果我说了一遍后他真的很准确地找到位置，我给予了他肯定和赞扬，下课仍请他帮我把材料放回去。这次在班里上课时，他认真听问题并且举手发言，这真是相当大的进步。

虽然他还不能做到每节课都专注听讲，但我已经看到了他的进步。作为科任教师，教授的班级多，不能长时间接触某一个学生，但我尽可能地去发现他们的特点，因材施教，也希望每名学生在我的课上都能有所收获。

正如卢梭在《爱弥儿》中所说："大自然希望儿童在成人以前就要像儿童的样子。如果我们打乱了这个次序，我们就会造成一些早熟的果实，它们长得既不丰满也不甜美，而且很快就会腐烂：我们将造成一些年纪轻轻的博士和老态龙钟的儿童。"[1]儿童是有他特有的看法、想法和感情的，一个受孩子喜欢与爱戴的仁师，能够充分懂得儿童的真实需求，会不留痕迹地加以引导。在我看来，这就是真正的教育。

---

① ［法］卢梭：《爱弥儿　论教育》，149 页，北京，商务印书馆，1978。

二、关注个体差异，保持仁爱之心

陶行知先生说过，培养教育人和种花木一样，首先要认识花木的特点，区别不同情况给以施肥、浇水和培养教育，这叫因材施教。德国哲学家莱布尼茨说过，世界上没有两片相同的树叶。每个学生都是独一无二的存在，他们有着不同的个性、爱好和潜能，也应该有不同的发展路径。

教师要以平和的心态看待学生不同的经历和成长过程，并为每一个取得进步的学生鼓劲和呐喊，以仁爱之心照亮学生的成长之路。我校的张巧玉老师用她的实际行动告诉我们如何用智慧和真心打开孩子的心门，用爱教育，用心培育，让教育之花盛开。

张巧玉：
让教育开花

我记得在一本书上看到这样一个故事：一个教育家小的时候曾将一把石子递给杂货铺老板"买糖"，杂货铺老板迟疑了片刻后收下石子，把糖"卖"给了他。杂货铺老板没有用成人的逻辑去分析孩子的行为，而是以一颗宽容的心维护了一个孩子的尊严，影响了买糖人的一生。我想，教育者也应该具备这样的智慧和情怀。

(1)巧沟通，建桥梁。我看到过这样一句话："世界上几乎没有不淘气的孩子，可怕的不是淘气，而是不会教育。"教育需要方法。我坚信只要用心，爱会成为打开孩子心灵的钥匙。刚接手这个班的时候，就听说有一个矮小、瘦弱的男孩子是班里有名的"刺儿头"：他上课坐不住，小动作特别多，作业潦草。

我曾试图与他沟通，问他喜欢什么和他的家庭情况，他回答得支支吾吾。打那以后，我开始有意地观察他：课间老师不在教室的时候，他的状态完全不一样，就像变了一个人，与其他同学打闹、大声嚷嚷，真是个名副其实的"刺儿头"。有一次正好被我撞见，我并没有批评他，而是对他说："原来我们的小付同学不是小绵羊啊，而是一只有爆发力的大老虎呢。说话的声音既洪亮又好听，老师希望在课上也能听到你这么洪亮动听的声音。"他点了点头。自从那次以后，他早上到校后会主动和我问声好，我们之间有了一个好的开始。

兴趣是最好的老师。一次课堂上，我发现他在桌子上画画，便悄悄走到他的身边。对于突然的"造访"，他显得有点紧张，赶紧找橡皮想要擦掉。"挺好的，要是能画在纸上保留下来就更好了，老师很喜欢，你能画一幅画送给我吗?"没过几天，我真的收到了一幅画，可以看出是很用心画的。他跟我简单介绍了画的内容，就是这幅画架起了我们沟通的桥梁。这之后他变得自信起来，在课上偶尔也主动回答问题了，同学们为他鼓掌，他会不好意思，但是我能看出他很开心、很自豪。课间他会主动为班级、为同学做一些事情：主动擦黑板、扫地……还会主动给同学讲题。也许是大家的鼓励给了他好好学习的动力，他课上再不是"如坐针毡"了，数学学习习惯也越来越好了，书写变得越来越工整。我将他的作业在班上进行了展示。

（2）抓契机，善引导。一年级的学生可爱、聪明、活泼，为了发挥他们的动手能力和创造力，课间我喜欢让他们拿出超轻黏土捏一捏，可是每次掉在地上零碎小块的超轻黏土都很多。我将这些小碎块收集起来捏了一个彩色的小章鱼，拿到孩子面前，孩子们说"好漂亮呀""老师难怪你叫巧玉，手真巧"，他们的话让我很惊讶，我接着问："你们知道为什么这只章鱼是彩色的吗？""我是将你们掉在地上的超轻黏土收集起来，掉在地上不理睬，它们就变成了垃圾，捡起来你会发现它们的用处。"课后孩子们围着小章鱼看。课间地上的超轻黏土越来越少了，还会有孩子替其他同学捡起掉落的超轻黏土，收到袋子里。

看着他们一天一天的变化我突然有一个想法，既然孩子们喜欢黏土玩偶，不如给每人做一个。我用了 13 个晚上捏了 37 个黏土玩偶，每个孩子一个。有孩子开心地说"每天睡觉都要看看它"，孩子们也越来越热爱我们的班集体，更懂得发现身边不一样的美。

第斯多惠说过，教学的艺术不在于传授本领，而在于善于激励唤醒和鼓舞。每个孩子都是一座待发掘的宝藏，作为教师我们应带着善意和尊重引导和信任他们，用真诚的爱打开孩子内心的门，进而走近他们、感受他们，在教育的沃土上种下一颗颗希望的种子，让它开满鲜花，向阳生长。

三、推崇人格平等，拥有仁爱之心

习近平总书记指出："教师承载着传播知识、传播思想、传播真理、塑造灵魂、塑造生命、塑造新人的时代重任。"①作为灵魂的塑造者，教师自己要有美丽灵魂；作为生命的塑造者，教师自己要有健全生命；作为新人的塑造者，教师自己要站在时代前列，成为人类文明传承的引领者。

我校的周阳老师将分享她的教育小故事，展现她在教育实践中是如何以一颗仁爱之心，通过"天使宝贝"这一项班级活动让孩子们学会帮助他人、悦纳自己，建立起深厚纯洁的友谊的。

周阳：

是天使，也是宝贝

一天午后，我答应学生可以自主挑选座位，一下子，班里就炸开了锅，大家都纷纷开始寻找自己心仪的位置。两个学生看中了同一个座位互不相让，甚至挺直身子比起了身高，有人在旁边支招："你们两个石头剪刀布，谁赢了谁就坐这儿，不就行了……"真是好不热闹！角落里默默不语的小桐显得格格不入，她和我一样静静地观望，像个局外人

---

① 习近平：《论党的青年工作》，187 页，北京，中央文献出版社，2022。

一样。

小桐是个听障女孩，两岁时就戴上了人工耳蜗。为了避免同学们发现她的不同，小桐的妈妈细心地用毛线钩了一个发夹，把耳蜗藏在里面，小桐戴在头上，不仔细看的话，真以为是个普通的发夹呢！但随着孩子们年龄的增长，小桐的情况早已是个公开的秘密。

几分钟后，教室里的喧闹声小了下来，大家都陆续选定了自己的座位，我发现小桐坐在三组倒数第二个的位置上，脸上仍旧没有明显的表情。我很清楚这个位置不是她选的，是别人挑剩下的。看着小桐，我心想，教育的契机来了。

"天使宝贝"是学生都特别喜欢的一项班级活动，我把班里每位同学的名字写在一张小纸条上，折起来，放在一个小盒子里。每天早上，学生一走进教室，就从中抽取一张。抽到谁，谁就是自己的宝贝，在一天中，做他/她的天使，去关心、帮助他/她。与此同时，他/她也会被别的同学抽到，成为别人的宝贝，被关心、被照顾。就这样，每个人既是别人的天使，要去付出爱，同时也是别人的宝贝，可以感受爱。

巧的是，今天抽到小桐的正是班里的淘气包小吕。他平时捣蛋得很，没少给老师惹麻烦，很少主动关心同学。以往，他抽到班里的同学，也只是象征性地把自己的一件小物品分享给对方。

这次，我把小吕叫到办公室。"你对今天自己挑选的座位满意吗?"我问道。"满意，特别满意!"小吕开心地说。"那你今天抽到的是班里的哪位同学呀?""是小桐，我打算送她一块橡皮。"小吕不假思索地说，好像为自己想到这个点子得意。"你注意到小桐坐在哪儿吗?"我问道，小吕先是一愣，然后挠挠头说："不知道……我没注意……""小桐坐在了三组倒数第二个的位置，她的情况你也了解，只有坐在前两排才能勉强听清老师说的话，今天你是她的天使，你想不想把给她的关爱从一块橡皮换成其他的，让她能真正感受到班级的温暖？"小吕听了，若有所思地点了点头。

放学前，小吕当着全班同学的面说道："周老师，我想和小桐换个座位，我的位置比较靠前，我觉得这儿更适合小桐坐！"小吕的眼神和语气都很坚定，教室里瞬间鸦雀无声。同学们对小吕的认真态度感到惊讶，一时没有反应过来小吕这样做的意图，但不一会儿，许多人都低下了头。

再看看小桐，她开始轻轻地抽泣，不停地用手背擦着眼泪，这也是我第一次见到她哭。我走过去张开双臂抱住了她，轻轻地抚摸着她的头："小桐，我们都是一家人！"同学们也都走过来，我们抱在一起，一句句轻声的"对不起"在耳畔响起……

人人是小天使，冷漠不翼而飞，取而代之的是温暖；人人是宝贝，忽视不翼而飞，取而代之的是关注。点点滴滴的关爱，汇聚成学生之间浓浓的情谊。会爱人，也能感受爱，这不正是我们要培养的人吗？

泰戈尔曾说过："爱就是充实了的生命，正如盛满了酒的酒杯。"爱是教育永恒的主题，正是因为爱教育、爱学生，我们很多教师才有了一辈子在三尺讲台默默奉献的力量，才有了在学生遇到危难时挺身而出的勇气，才有了勇于探索新知、新学问的锐气。有爱的教育如盛夏的果实，芳香四溢：愿我们呼家楼中心小学的全体老师一起用心做教育，用爱做仁师，让教育如春雨般滋润孩子们的心田！

2

从今天起，做一个幸福的教师

"一个幸福指数不高的人是不适合做教师的。"教师的幸福，不仅是教师个人的事情，而且能影响学生的生活态度、心理健康和品质养成。如果一个教师对事业、对生活总是持有乐观向上的态度，那么他的学生也会更加豁达开朗、阳光自信，更善于捕捉幸福、感知幸福、理解幸福。幸福的教师能够锚定终身为之奋斗的目标，不断提升自己的专业能力，最终帮助学生实现发展。为了让学校教师拥有幸福的职业生活，培育出能感知幸福、创造幸福、享受幸福的人，我校充分尊重教师、关注教师、服务教师，旨在推动教师拥有幸福的人生。

一、助力成长，让教师在发展中享受幸福

好学校是师生精神的寄居之地、灵魂的充盈之所，是师生共同成长的心灵之园。我们助力教师发展的第一个着眼点就是教师的科学发展，通过搭建教师成长阶梯、打造新型课堂，助力教师在发展中享受幸福。

1. 搭建成长阶梯，促使教师快速成长。我常常跟同事说："从事教育事业的人，其生命要因为教育事业而充满快乐、幸福，不断进步和完善，只有这样，他们才能培养出懂得人生的快乐、幸福，追求进步、完善的学生。"学校希望每位教师都能实现职业价值与生命价值的完美结合，在成长和发展中感受幸福。

为了实现这个目标，我们积极引进专家开展校本教研，支持教师承担各级科研课题，组织全体教师赴教育发达地区进行考察、开阔眼界，让教师在工作中体验到成功带来的快乐。同时，我们也通过"感悟快乐""漫谈学习、工作与生活"等校长专题讲座，以及"感悟沙龙"等不同形式的活动，强化教师的团队合作能力，共同成长。

2. 打造新型课堂，促进师生携手成长。学生的成长状况是教师工作成效的直接体现，而教师工作成效又是职业目标是否实现的有力证据。我校倡导教师在遵循教育教学规律的基础上，运用适合学生同时也适合教师自己的教学方法，通过与孩子一起成长，提升教师的幸福感。在课堂上，李艳萍老师每次组织学生对某一问题进行讨论，都会尽力使意见不一致的同学都有发言机会，通过不断的辩论、提问和思想碰撞，促进师

生共同成长。

李艳萍：

让学生在问题中成长

在学习商的变化规律时，学生原有的认知基础都是在整数除法的范围内。为了避免学生形成固定的思维模式，认为只有在整数时才能研究商的变化规律，李艳萍老师提出问题：如果把一张饼平均分给 2 个人，你会列式吗？能用一个算式表示出来吗？通过课件演示学生知道，一张饼平均分给 2 个人，用 $1 \div 2$ 表示，每人分到了 1/2 张饼，因此 $1 \div 2 = 1/2$。用这种方法可把一张饼平均分给 4 个人、8 个人，得出 $1 \div 4 = 1/4$、$1 \div 8 = 1/8$。李老师继续问："在这组算式中，能找到我们刚才发现的被除数不变，除数乘几商就除以几的规律吗？"

学生吕文博说："老师，在这组算式中，没有这样的规律，因为被除数比除数大。"学生张佳妮说："这组算式中没有这样的规律，商是分数，我们没法比。"紧接着，有学生小声说："分数也可以比，看图就知道了。"此时，学生的思维非常活跃，李老师让孩子们继续小组研讨，看能不能借助刚才的方法算一算，或者结合图想一想，在这组题中找到商变化的规律。

学生赵希林说："老师，在这组算式中，同样能够找到刚才我们发现的规律。我不会关于分数的计算，但是我通过计算器计算：$1 \div 2$ 等于 0.5，这个 0.5 和 1/2 是相等的。同样，1/4 就等于 0.25，1/8 等于 0.125，这样，计算器就帮我算出 1/2 是 1/4 的 2 倍，是 1/8 的 4 倍。这样就找到规律了。"

李老师没有想到学生的思维如此灵活，轻松地就把问题解决了。课堂上学生每一次的成功体验，都让李老师感到做教师是一件非常幸福的事！"让学生在问题中成长"是一种富有成效的教育理念，它鼓励学生在面对挑战和问题时积极探索和思考。这种方法不仅能够激发学生的好奇心和求知欲，而且有助于培养他们的批判性思维、解决问题的能力及自主学习的习惯。

二、温暖管理，让教师在制度中体味幸福

有专家指出，积极心理主要包括三个方面：积极情绪、积极个体的个性特质、积极的社会制度。对学校而言，如何帮助教师拥有积极的情绪，如何创设积极的管理制度，营造和谐氛围，以提升教师的职业幸福感，是学校管理者义不容辞的责任。

1. 创新管理制度，构建和谐幸福校园。在校园中，积极的制度主要是指以人为本的学校制度与相应机制。学校制度是不是比较人性化，是不是充满了温暖、关爱，会影响到每一个教师的感受。让教师参与学校制度建

设，能让教师更多地体验到作为学校的主人翁的感觉，能使教师更好地明了、理解学校制度存在的必要性，有助于增强学校制度建设的亲和力与凝聚力。

带着这样的思考，我们提出创新制度谋和谐的工作思路。依据学校管理实际，确定了各项工作管理规程，强调按程序办事、按制度办事、按教育法规办事的工作原则，使学校管理走上科学规范的轨道。在科学规范的基础上，我们提倡让制度管理人性化，让教师参与制度的制定，使师生员工自觉按章办事、自觉规范行为，并在日积月累、反复实践的过程中，形成一种良好的校风，进而形成一种风清气正的校园文化。

2. 创设和谐氛围，营造温暖校园环境。温暖有爱的学校文化，或者说学校气氛能给师生营造一种安全舒适的心理环境，师生浸润其中，归属感与幸福感会油然而生，从而缓解紧张的工作与学习带来的压力。我校采取文化管理模式，坚持学校教育以人为本的原则，让全体师生在校园里学习得更好、生活得更好、发展得更好。

每位老师过生日，都会收到学校领导祝福的信息和工会送上的生日蛋糕；每个学期，学校都会以不同的形式征求教师对学校工作的意见与建议，并设置"合理化建议奖"；每一年，学校都会组织开展家属联谊活动，让教师家属也能感受到学校温馨和谐的氛围，从而更加理解、支持教师的工作。刘鹤老师在谈及学校和谐的校园氛围时感受颇深，她说在这个集体里工作和生活感到非常安心、舒心。

刘鹤：

暴雪中的温暖

早晨，依旧早起打开窗帘，白茫茫的世界令我好不惊诧，一夜间下了这么大一场雪，我急忙翻看手机，一条条的微信消息涌入眼帘。

通过一条条消息能想象出大家一直忙碌到深夜的画面，校长带领大家对学生的学习和生活做出细致安排，教学校长和各教学主管整理线上教学资源，德育主任带领组长拟定家长和学生居家学习通知……各项工作安排紧张有序，每一个画面都让我感受到浓浓的温暖，大家团结协作，汇聚智慧，全力以赴。

因为睡眠不好，夜间我经常将手机放到离自己比较远的地方，作为"领航团"的一员，错过了和大家一起奋战的机会，我心里非常不安。

大雪依然不知疲倦地下着，我赶到学校，终于和一夜没休息的"领航团"成员汇合。刚要开口表达自己心里的愧疚，就被大家感动了。原来大家知道我的身体情况，发现我没有上线，就没有继续联系我，希望我能好好休息，保存体力，做好后期的各项工作。教学校长已经做好了当天学生居家学习的安排，各科教师、学生安全有序地在家里完成学习任务。根据天气情况，大家又在一起筹划了后面几天的教育教学安排，安排教师线上教学，调整年级课表，关注学生的学习状态，解决个别学生居家学习的困难，保证学生居家学习的安全和学习质量，以减少家长和学生的焦虑。

虽然以前有过居家学习的相关经验，但是考虑到当前的各种状态，为了使学生因天气情况居家学习顺利，学校做出了更加细致、科学的部署。看到各班同学和老师在踏踏实实地开展线上学习，想到这群团结一心、相互温暖的伙伴，心里暖暖的，在这个集体里工作和生活，安心、舒心。

孩子需要激励，教师同样需要激励。在日常的工作中，我校对教师的正向引导、肯定与鼓励，使教师感受到在我校工作是一件幸福和快乐的事。宽松、和谐的氛围打造了具有强大凝聚力的文化"场"，激励学校教师队伍在教育改革中优化结构、提高质量、增强活力，学校致力于让每位教师都拥有成功的体验、健康的心态、幸福的感受。

幸福是人类永恒的追求。对教师而言，追求并享有职业幸福，既是教师专业发展的重要维度，也是教师职业生活的基本权利，更是教师职业发展的动力来源。我校通过不同的途径和方式提升教师的职业幸福感，让教师们感受到学校的支持与关爱，帮助他们发现每天平凡工作的价值与意义，使每一个普通的时刻都焕发不一样的光彩，每一个平凡的日子都能与幸福相伴。

3

唤醒每个生命的多样精彩

教育绝非单纯的文化传递，教育之所以为教育，正是在于它是一种人格心灵的唤醒。德国教育学家斯普朗格曾说过："教育的最终目的不是传授已有的东西，而是要把人的创造力量诱导出来，将生命感、价值感唤醒。"①

那么，唤醒的含义究竟是什么呢？它是点燃火焰，以崭新的理念激发人的潜能，以人文关怀照亮人的心灵。

在这一过程中，教师扮演着点燃火种的角色。在日常教育教学中，教师应通过各种途径，在环境建设、课堂教学、日常生活中，运用智慧和爱心去激发学生的潜能，照亮学生的心灵，激发学生的自信，进而唤醒每一

---

① 郭利娟：《教育需要温度》，载《河南教育（教师教育）》，2023(10)。

个独特生命,使其璀璨绽放。

一、以生为本,在环境建设中唤醒责任与担当

人创造环境,环境影响人。作为教育工作者,我们深知优良的环境建设对学生的成长至关重要,犹如水对于鱼,好的环境在潜移默化中为学生的学习生活提供丰富养分。教师应关注学生,以人为本,为他们营造温馨的校园、阳光的学舍,通过环境建设助力其健康成长。

我校的沈艳杰老师深知环境建设对学生成长的重要性,她以爱心为纽带,与学生共同构建和谐班集体。在充满关爱的班级环境中,学生们得以表现自我、张扬个性和展现魅力,同时也学会了与他人相处,为班集体建设添砖加瓦。

沈艳杰:
以爱之名共建和谐班集体

新的学年有些特殊,我成为一年级新生的班主任。为了更好地让彼此熟悉起来,助力孩子们适应小学生活,我从建设和谐班集体入手开展活动,活动共分为三大板块:认识我的"家"、融入我的"家"、共建我的"家"。

首先，认识我的"家"。

(1)欢迎来到"新家庭"。

通过一张小小的班级录取通知书，用温暖的话语给予学生力量，让他们对小学生活充满期待。

(2)认识"我的家"。

打造"家"的概念，减弱孩子的陌生感，拉近与孩子的距离，让孩子觉得老师是可以信任的人。

(3)"和你成为好朋友"活动。

我们用抽签的方式开展活动，大家两两一对迅速结成朋友，先让孩子第一时间找到可说话的朋友。

(4)商定"家规"。

"无规矩不成方圆"，我们的"家规"制定从介绍《朱子家训》开始，让孩子懂得为什么要有"家规"，然后大家一起交流讨论，怎样的"家规"才能让"家"更和谐温暖，最终初步确定了"家规"，即《9月行为规范指南》。另外，大家还一起制定了"班级公约"。

其次，融入我的"家"。

(1)认识我的小伙伴。

活动一：你的名字真好听。借助拼音学习认读同学的名字，如果遇到困难，就去找相应同学寻求帮助。以这样的活动，让同学们彼此熟悉起来。活动二：跟你说句悄悄话。用抽签的方式选定小伙伴，每天观察小伙伴的优点或者当天表现好的地方，给小伙伴写一句悄悄话，一周后将悄悄话交给相应的小伙伴，用这样的方式建立友谊。

(2)每天一个拥抱。

我们有个活动叫"开心不开心，只要抱一抱"。当孩子们不开心时可以找老师抱一抱，老师不开心时也会找学生抱一抱。短短几天，孩子们就迅速爱上了这样的活动，喜欢和老师拥抱，彼此很快熟悉起来。

最后，共建我的"家"。

(1)我是家里小主人。

为了培养孩子们的主人翁意识，我们一起制定了班级职责规划，大家按照自己的能力和意愿选择自己的职务。在这个过程中，他们也懂得了教室是大家的，需要一起维护教室的卫生和秩序。

(2)我的班级小活动。

①发现你的美。开学初，孩子们常常告状——"老师，他打我""老师，他去厕所玩""老师，他动我橡皮"。小朋友眼中更多发现的是同伴的缺点，斤斤计较让伙伴之间出现了不和谐的状态。为此，我在班级中组织了"爱心天使计划"活动：每天发现小伙伴三个优点，或者为小伙伴做三件温暖的事，可得到一块爱心天使糖。每周得到的爱心天使糖有一块可以留给自己，剩下的要回家分享给家长，把快乐带给家长。②玩转课间。我们一起专门为课间活动设计了有趣的方案。孩子们下棋、看绿植、阅读、搭积木、表演手偶剧……丰富的课间活动，不仅丰富了校园生活，也拉近了彼此之间的距离。③我们一起过节日。我们一起过中秋节，在这个节日中孩子们在线上点起小灯笼，感受团圆的幸福；我们一起在线上守岁，感受春节的喜庆；我们一起手绘风筝，感受清明时节的生机。

在沈艳杰老师的努力下，在一个充满关爱的环境中，一年级的新生得以身心健康地成长。她用爱唤醒了学生的责任感，帮助他们在互助互爱中快乐成长。

班级文化如同水一般滋润着学生的心灵，涵育着他们的理想与激情，使他们的生命更加鲜活、灵动。在实际的教育教学过程中，教师应根据实际情况，营造适宜学生成长的班级文化环境，以优良的育人环境唤醒学生内在的生命潜能。

二、立足课堂，在课堂教学中培养自信与动力

苏霍姆林斯基说过：课，就是教育思想的源泉；课，就是创造活动的源头，就是教育信念的萌芽园地。显然，课堂不仅是知识传递的场所，更是探索真理的阵地；不仅是能力培养的场所，更是智慧孕育的孵化器。在课堂中，学生积累知识，提升能力，培养责任感，实现从自然人到社会人的蜕变。课堂是学生成长的关键场所，教师应立足于课堂，把握教育契机，通过教育智慧启迪学生，激发学生活力。

我校的马嘉晨老师巧妙地利用课堂契机，为学生提供自我展示的机会，帮助学生建立自信、收获成长。

马嘉晨：

帮助从了解开始

　　小胡上课总是无精打采的，提不起一点兴趣；说话时也总是面无表情，低垂着眼睛小声嘀咕；课堂上做题也非常慢，总是看着题目发呆。据他父亲说，在家里写作业也是这样，为此没少训他，全家跟着一块生气。

　　知道这个情况后，我找他谈心，他眨着亮亮的大眼睛看着我，表示以后一定认真写作业，绝不拖沓。在这之后，情况似乎有一定的好转，但很快又回到了从前的样子。我有些无奈，心想算了吧，或许他就是这样的性格，仅凭我一个人很难改变。但是转念一想，作为他的班主任兼语文老师，我不能轻言放弃，还是需要做些什么的。

　　我开始观察他，从他的好朋友、家长那里了解他的情况。我分析他上课走神和做题拖拉的原因：一是成绩，成绩不好导致他在学习上缺少成就感和学习动力；二是家庭，父母脾气都比较急，一旦犯错就会指责他，导致孩子的逆反心理严重。我想如果能让他产生学习的动力，那么情况一定会有所改善的。

　　一堂语文课上讲到了诗歌的内容，这是小胡比较擅长的，他听得很认真。快下课时，我给了孩子们几分钟时间，让他们练习背诵。时间到，小胡在全班同学诧异的眼光中把手高高举起，要知道他之前基本是不主动发言的。我赶紧把他叫起来，他背得有些磕巴，但还是在我的提醒下完成了。这真是一个很大的进步，我肯定了他的表现，班里同学也自发地给予了他热烈的掌声。

小胡坐下之后眼睛亮晶晶的，我发现他还在默默地练习背诵。

很快他又把手举了起来！

班里的同学也惊讶于他的表现，小胡不负众望，这次背诵得非常流畅，同学们给予了他更热烈的掌声，我也狠狠地夸了夸他。

从这天起，小胡变了，上课经常积极回答问题，下课也会问老师问题，学习成绩也有了明显的进步。他的脸上逐渐有了自信的微笑。

在教学过程中总会遇到后进的孩子，用心地跟他们聊一聊，你会发现其实这些孩子对自己的现状也很着急，他们也希望改变。老师要相信自己的学生，给予学生足够的信任和支持，激发学生的内驱力和自信心。

爱是教育的基础，没有爱就没有教育。教师信任的眼神、关爱的动作，以及真诚的话语，都会赋予学生巨大的勇气，甚至可能影响他们成长的轨迹。马嘉晨老师秉持着对学生的关爱之心，巧妙地利用课堂契机，给予孩子一个展示自我的机会，这个机会成为孩子成长的转折点。

课堂是师生互动最为频繁的场所，教师应充分利用这四十分钟，不仅传授知识与技能，更要传递爱与信任，激发学生内心的动力与能量，引导他们朝着健康积极的方向发展。

三、抓住契机，在日常生活中唤醒关爱与感恩

唤醒的契机无处不在，无时不在，并不特定于某种场合。教育工作者应立足于日常生活，敏锐地捕捉时机。

我校的张怡老师在一次突发事件中巧妙地担任了传播者的角色，将学生间的关爱故事予以传递，最终汇聚成无尽的大爱，实现了学生之间的相互唤醒和共同成长。

张怡：

爱在心间流淌

作为班主任，我看到学生在学校点点滴滴成长的过程，时常感到爱和温暖在班级中流淌。

这天中午，我正在给孩子们打饭。"张老师，小畅有些不舒服，说肚子疼，我刚给她测了体温，36.3°，正常。"听到小畅的同桌这么说，我马上放下勺子走到小畅身边。小畅虚弱地趴在桌子上，脸色苍白，眼睛闭着，眉头紧皱。我赶紧拨通她妈妈的电话说明情况，她妈妈说马上来学校接。放下手机后，我让同桌帮小畅收拾好书包。

没多久，小畅妈妈发来信息，说到校门口了。我让小畅前后桌的两名

同学帮小畅拿书包、饭兜和衣服，陪她一起下楼。此时的小畅看着仍很虚弱。

"小畅，能站起来吗?"我轻声问她，她努力地点点头，身体却没有动。正在我犹豫要不要扶孩子下楼的时候，高个子的彤彤抱起小畅就往外走，我忙追出了教室，提醒她们下楼梯时注意安全。

晚上，我又想起了今天温暖的一幕，拿起手机给彤彤妈连发了好几条语音，把今天的事跟彤彤妈分享。意外的是，彤彤妈说已经知道了这件事，因为小畅在到家后第一时间给彤彤发信息表示了感谢。听到这里，我的心都融化了。帮助别人的孩子可爱，得到帮助的孩子又是那么懂事。

听后我的心里暖暖的，我决定把这份同学间的情意让更多人知道，为班集体树立榜样。

第二天，我在班里召开"爱在心间流淌"主题班会，孩子们发言踊跃，谈了对这件事的看法。事后很多孩子在周记里也记录了这件事。

英国学者菲尔丁说："典范比教育更快，更能强烈地铭刻在人们心里。"我觉得作为一名班主任，在班级管理中，要善于发现孩子们的闪光点，尤其是他们的善良和爱心，让好人好事起到引导、示范、教育的作用，打造团结有爱的班风。

张怡老师敏锐地抓住了教育的时机，将同学间互助互爱的故事传播开来，以榜样的力量召唤更多的美好。

作为人类灵魂的工程师，教师承担着光荣使命，要积极利用各类资源和环境，将其转化为教育手段，以关爱和智慧去唤醒学生未被发掘的潜能，让生命在爱的滋养下，绽放独特的光彩。

真正的教育，应当是一场心灵间的对话，是一次灵魂的唤醒。犹如一棵树摇动另一棵树，教育者以智慧与关爱激发学生内在的力量，促使他们茁壮成长；又如一朵云推动另一朵云，教育者以自身的榜样力量和影响力，引导学生勇敢奋进，挑战自我。在激发与唤醒的过程中，教育者需掌握方法、耐心细致，更需满怀厚爱……期盼每一位陪伴孩子成长的教师，都能在这短暂的教育旅程中，以爱育爱，唤醒学生内心蕴藏的无尽力量与优良品质，使他们的生命之光闪耀出斑斓的色彩。

4

让师爱在家校携手中闪光

古人云："养不教，父之过，教不严，师之惰。"学校与家庭是学生接受教育的两大场域。其中，家庭是孩子最早接受教育的场所，家长是孩子的第一任老师；学校是专业化的教育机构，是孩子的另一个家。

为了让每一个孩子都能在和谐、美好的教育环境中成长，感受到尊重与爱，我校教师积极开展家校沟通，支持家长提升家庭教育能力，与家长共同支持、引导孩子的学习与成长，让师爱在家校合作的路上无限延伸……

一、师爱是火种，点燃家庭教育的火花

"教，上所施下所效也。育，养子使作善也。"家庭教育是人才培养的

奠基工程。随着时代的发展变迁，家庭教育的理念、任务和方式方法，也在不断地发生变化。教师在一定程度上可以担负起家庭教育指导员和专业咨询顾问的角色。提升教师指导家庭教育的意识和能力，有助于家、校、社合力育人目标的实现。

我校的教师积极丰富、完善教师的职业能力，通过多种科学的教育理念、手段、技术和方法，针对家庭教育理论、方法、内容进行指导，帮助家长丰富教育知识和手段。在这方面，我校王松老师有着自己的经验和见解。

王松：
"表现不好"与"吃馒头"

"王老师，我表现不好，爸爸、妈妈就让我吃馒头。"学生小 Y 的"悄悄话"令我十分惊讶。到底发生了什么？我马上给小 Y"回信"，希望知道更多情况。

第二天，正想着小 Y 会不会"回信"时，语文老师来找我，"去看看小Y 吧"。班里正在开展"百词练习"，其他孩子都在安静地默写，只有小 Y情绪十分激动。见到我，小 Y 带着哭腔说："我都不会写……"这个时候我想应该先帮她冷静下来，"没关系，不会写不用着急，可以把书拿出来看看"。

考虑到前一天的"悄悄话"，我联系了孩子父母。当天下午五点，小 Y 父母坐在了我面前。

说到"馒头"，小 Y 父亲说："这是我们家的家规。现在孩子的物质生活太富足了，只知享乐，不知奋斗，'吃馒头'就是提醒小 Y，不好好学习就没法拥有好的生活……"

话音刚落，小 Y 母亲就提出了不同意见："吃馒头有什么用？就这么一个孩子，为什么要为难她？而且一吃馒头，我和她姥姥也要一起吃。你每天加班不回来，倒成了惩罚我们娘儿仨……"

显然，小 Y 母亲对这种教育方式并不认同，也有怨气。可以想象，在强势父亲面前小 Y 的怯懦与紧张，"吃馒头"非但没有磨炼意志，反而让她变得脆弱敏感，哭闹成了她寻求妈妈帮助的方式。小 Y 一哭闹，妈妈就妥协和补偿，久而久之，哭闹成了孩子的一种习惯与武器。

找到症结所在，我决定先从小 Y 爸爸入手。在分享"南风效应"寓言故事和"期待效应""破窗效应"等心理学案例故事之后，我提出了自己的看法："每个孩子都有长短，都会犯错，不能用成年人的标准去苛责；孩子生活在富足的年代，刻意吃苦是不现实的；生活无忧不一定会毁了孩子，'吃馒头'也未必能培养人才，关键还是教育方式方法……"

两个多小时的交流使小 Y 爸爸有所触动，承认确实有不妥之处，并表示愿意多学习，尝试改变教育的方式。同时，我建议小 Y 妈妈，处理女儿的情绪要讲究方法，并送给她一本书——《如何说孩子才会听，怎么听孩子才肯说》。

此后，我格外留意，与科任教师联手给小 Y 更多的鼓励关心、正向引导，经过一段时间的家校协力，小 Y 渐渐地有了变化。

王松老师通过介绍科学理念、分享育人智慧等方法，引导家长在教育中尊重差异、平等交流，调整教育方式方法。这样的案例在我校还有很多，在学校家庭教育的指导下，许多家长改变了单纯以成绩为导向的教育观念，从重学业监督式教育向重内心沟通式教育转变。同时，学校提供的家庭教育指导作为家、校、社协同育人的有效途径，有效促进了家、校、社之间的沟通协作，对优良教育生态的生成起到了促进作用。

二、师爱是桥梁，连接家校沟通的道路

苏霍姆林斯基曾经说过："没有家庭教育的学校教育和没有学校教育的家庭教育，都不能完成培养人这样一个极其细微的任务，最完美的教育是学校和家庭教育的结合。"学校教育再先进，也取代不了家长在孩子成长中的重要作用和位置；家庭教育再完善，也总需要学校教育来弥补推进。要打造面向未来的教育，就必须掌握家、校沟通的"金钥匙"，以家、校的良性互动促进孩子健康快乐地成长。

带着这样的思考，我校教师们在认真履行教育教学职责的同时，及时跟家长沟通学生在校期间的态度情绪、学业状况、行为表现和身心发展等情况，同时向家长了解学生在家中的有关情况。在具体的实践中，关克薇老师与家长携手从"小切口"入手解决教育中的难题。

关克薇：

一个聪明女孩的成长

　　小 W 同学是一个聪明的女孩，但经常以自我为中心，缺少同学之间团结互助的意识，因为这个我和家长沟通过若干次，但收效甚微。2022 年年初发生的一件事，让小 W 有了一些改变。

　　2022 年 1 月 3 日，我接到了小 W 的家长发来的信息："关老师，昨晚我发现小 W 的左臂有一大条瘀紫，她说是自己咬的。孩子特别不开心或遇到想不开的事情时就会咬自己。"我赶紧问家长知不知道具体原因。家长在回复中提到，孩子觉得数学老师的批评让全班同学都用异样的眼光看她……这也是最近孩子情绪低落的主要原因。

　　看了家长的信息，我立刻联系了数学老师了解情况。从数学老师那里得知，小 W 的家长从开学到现在都没有和老师沟通过，我建议数学老师主动和小 W 的家长联系，以亲身经历分析了沟通的重要性，并且建议，在教育孩子的过程中，要有一颗同理心，站在孩子的角度去思考问题，说出来的话孩子更愿意接受，解决问题就会容易些。随后，我又联系家长，希望家长能和数学老师直接沟通。家长后来回复我："关老师，刚才和数学老师沟通得很愉快，数学老师也是为了激励孩子。以后多沟通。谢谢关老师！"

　　第二天，我找到小 W。我对她说："以后遇到问题要及时找老师，老师会帮你解决问题，不要闷在心里。"小 W 点点头，我又接着说："数学课上随便说话是不对的。但数学老师说你的时候，可能没有站在你的角度考虑，所以你接受不了，我能理解。"说到这里的时候，我看到小 W 的眼里闪出了泪花，我知道，她渴望被人理解。我接着说："不管是什么课，上课提高效率的最好办法就是专心听讲，积极发言。如果有余力，希望你能主动帮助学习有困难的同学，积极为班级做事情，这样既锻炼了自己也帮助了别人。"此后，我看到了小 W 的变化，她上课听讲更加专心了，下课主动擦黑板，每两周调换座位时，她主动帮同学搬桌子，每天早上到校后主动分发同学们的诵读材料，有的同学遇到不懂的问题，她也愿意帮忙讲一讲。

在特殊时期，我校教师通过线上的方式完成教育教学，并保持学校与家庭的密切联系，以保证线上教学的效果。

曹贺：
疫情下的家校沟通

在特殊时期线上教学的背景下，手机成了老师和学生沟通的重要工具。班里有这样一位学生，父母比较忙，不能在家陪伴，就把手机留给他在家学习用。而这位学生非常痴迷于手机游戏，经常不写作业，偶尔提交的作业也是字迹潦草，内容和题目基本不沾边。我先和孩子进行了沟通，但是起色不明显。于是，我把孩子的情况和孩子的妈妈反映。孩子妈妈非常关心孩子的情况，决定把孩子带到自己工作的地方监督其完成线上学习和作业。

这之后的作业情况稍有改进，这位学生每天能够按时交作业了，但是作业的质量仍然不过关，明显是"出工不出力"，这样下去，同样达不到实际的效果。我和孩子妈妈又进行了沟通，分析了一些原因，也想了一些办法，最后确定了策略，就是要"帮助"孩子，而不是"逼迫"孩子。孩子本身学习基础比较薄弱，想要正常完成任务非常困难，所以我们没有马上对孩子的作业提出要求，而是要求他认真观看学习视频，对他在观看视频后所做的笔记提出了明确的要求；每天的作业减量，但是如果出错，就要再练习同类的题目。家长和我分工协作，家长负责监督和检查，我负责远程指导和讲解，确保孩子完成基本的任务。同时，孩子稍有进步，我就表扬鼓励，并让家长知道。过了一段时间，孩子的学习态度和成绩有了明显变化。

东北师范大学家庭教育研究院院长赵刚提出，家长、教师和学生的关系，可以用等腰三角形做比喻：学生是顶点，家长和教师是底边的两个点。底边越长，顶点越低；底边越短，顶点越高。说明家长和教师距离越远，学生的发展水平越低；家长和教师的距离越近，学生的发展水平越高。[1] 我

---

① 赵刚：《化危为机，提升家校合作专业化》，载《光明日报》，2020-05-19。

校教师彰显教育智慧，用情沟通，用爱关怀，与家长共同制订合适的教育计划，通过一次次的家校沟通，拉近了学校和家长们的距离，凝聚了家校共育的巨大合力，为孩子创设了更好的成长环境。

三、师爱是石阶，垫起家校成长的平台

当前新一轮科技革命和产业革命正在兴起，重大科技创新正在引领社会产生新变革，互联网、人工智能等新技术的发展正在不断重塑教育形态。新形势下，该如何提高家校合作水平？如何提高家庭参与学校活动的积极性？如何提高家校活动的针对性和实用性？这些成为我校教师在家校共育中努力探索的问题。在一个特殊的契机下，董虹老师发现了提升共育实效的密码。

董虹：
"育儿专栏"提升共育实效的密码

2022年6月，我们接到了讲述"我家的育儿故事"的通知。本以为班内有两三份投稿就不错了，没想到居然收到了十几份稿件。看到家长对育儿话题的关注与热情，我不禁犯了难。名额有限，这么多稿件怎么办？突然之间，我想到了"班级公众号"，何不把这些育儿文章发布在公众号上呢？

说干就干，我立刻咨询我们班有着相关专业经验的家长，询问这些育儿故事发表在公众号上的可行性。得到肯定的答复后，我们开始策划这个有意义的事情。

关于专栏的题目，我们最终选择了"家家有本育儿经"，因为育儿故事中有经验也有教训，更多的是家长在育儿过程中经历的许多不寻常的故事，酸甜苦辣咸五味俱全。为了保证我们的这个栏目能够顺利推出，我和这位家长组成了一个小小编辑部。我制定出栏目上线的具体时间表，并负责和作者沟通，她负责稿件的编辑发布。第一期"家家有本育儿经"成功上线，为了引起家长们对育儿话题的关注，以及对育儿问题的深度思考，我们在公众号发布"家家有本育儿经"的同时，也会转发到班级微信群，进行分享和讨论。

让我万万没想到的是，栏目最先打动的是我。看着家长的育儿故事，我感受到了一个家庭育儿的不易，一个孩子的背后是一个家庭的高度关注和全力以赴。每一个孩子的身上，都承载着好几个成人期待的目光。

在一期又一期的"家家有本育儿经"上线分享的过程中，我察觉到这种深度交流育儿想法的方式给家长互相学习、互相借鉴提供了好机会，而作为班主任，我也更加深入地了解了家长们的育儿理念。于是，我有了一个更加大胆的想法——争取让全班每一个家长都参与到"家家有本育儿经"的活动中。暑假中我开始和家长们约稿。我们的家长来自各行各业，很多都是自己行业中的翘楚，但是当父母都是第一次，说到分享自己的育儿经验，许多都不约而同地摇头，觉得自己不行，但经过交流与沟通，他们中的绝大多数都参与到这次活动中来。

2022 年的暑假，我们班全班 39 人，37 位家长参与到"家家有本育儿经"的分享活动中，班级微信群也推出了 37 场"家家有本育儿经"专场。这次活动让家长们敞开了心扉，打开了自己的话匣子，把育儿经验和困惑进行了深度分享。活动中最受益的还是我，了解到家长们育儿的心路历程，对学生及其家庭教育有了更真切的认识，有助于后续教育教学的开展。

除了线上家庭教育经验分享外，我校教师还组织了一系列的线下家长沙龙活动，帮助家长提升家庭教育能力，营造有助于学生健康成长的良好氛围。

教育需要家校配合，家长支持教师、信任教师，教师理解家长、积极沟通，二者共同助力学生迈入多彩的社会、拥有美好的未来。

5

爱心点燃希望，行动播撒阳光

对学生来说，教师的一言一行、一举一动都有着重要的示范作用。在我看来，教师在深耕教学之外，还应积极投身公益，弘扬正确的价值观、人生观和世界观，在帮助他人的过程当中，实现自身的价值，也引导学生理解这个世界的复杂性和丰富性，使公益事业成为滋养师生成长的宝贵养料。

"十二五"期间，全国各地教育部门、各级各类学校，十分重视公益教育的作用，并将其作为加强未成年人思想道德建设的重要举措。北京师范大学公益教育研究所对 11 所学校的调研发现，几乎所有学校都曾经开展过公益教育方面的相关活动，有的学校还有系列的公益教育专题活动，有的学校结合学校教师特长和利用家长资源开展过内容丰富多样的公益教育类活动。

在这样的时代背景下，我校组织教师开展了多种公益教育活动，鼓励学生主动、积极地投入公益活动中，主动关注社会问题，积累社会实践经验。其中最具代表性的当数我们与"我的心·计划"公益组织合作开展的送温暖活动、青海助学行活动、爱心义卖活动等一系列援助青海的公益活动。这些活动不仅为青海山区的孩子们送去了爱与温暖，也让我校的孩子们积累了一定的社会实践经验。

一、青海送温暖活动，唤醒师生公益之心

"我的心·计划"于 2010 年 7 月正式创立，是一个民间、非营利性的公益宣导组织。他们希望能感召和唤醒更多爱心人士，建立理性、正确的公益理念，参与到更多公益活动当中。2011 年 11 月 15 日，"我的心·计划"发起人徐威先生走进我校进行公益宣导，讲述了许多他在青海亲身经历的小故事，并展示了大量青海贫困山区孩子学习、生活的照片与视频。看到山区学生在残破的课桌上学习的画面，我们的学生都非常动容。徐威先生亲身经历的小故事也深深感动了孩子们。

宣讲结束后，在家长与教师的倡议下，学生代表在心友团的家长、全体学生共同见证下将三校区"与礼同行，快乐淘宝"义卖活动中募集的 19173 元转交给了"我的心·计划"公益组织，请他们用这些钱为山区孩子购买过冬的帽子、围脖、手套。我校和"我的心·计划"公益组织约定：2012 年我校同学和家长要走进青海，亲身去体验、去帮助这些连午餐都吃不上的孩子们。短短的几天，我们各个校区已招募了至少 50 个家庭。

春风化雨，润物无声；助学送温暖，育人显真情。通过此次送温暖慰问活动的开展，爱的暖流在教师与孩子、家长间流淌，实现学校教育与家庭教育的对接，有助于孩子们以更加积极向上的精神风貌去开启新的篇章！

二、青海助学行活动，开启涤荡心灵之旅

送温暖活动结束后，我校又开始筹备前往青海的助学活动，几个校区的上千名学生和家长都非常踊跃地参与了报名。2012 年 4 月 25 日，经过一段时间的精心准备，25 个家庭在王校长带领下，和"我的心·计划"公益组织的志愿者一起踏上了青海助学的旅途。此次助学团成员除了带去 2 万余元的文具和体育器材，还为青海的贫困同学捐助了一对一爱心午餐，希望通过每天中午的爱心午餐，为贫困地区的孩子们提供基本的营养保障。在青海助学的过程中，我校学生与当地孩子成为朋友，并在一次次实地探访中收获成长。

学生叶旸回忆说：每到一所学校，我发现那儿的同学们都非常守纪律，他们的眼睛中隐藏着紧张和羞涩，老师提醒我们，要尽快地和当地小朋友打成一片，结交新朋友。开始，我们也胆小犯怵，但是通过做一些小游戏，我们还是很快和当地的同学熟悉起来了。学生赵天宇家长也回忆道：我们这次青海助学的初衷是为了帮助那里的孩子们，可是在活动中，我们每个人都经受了精神上的洗礼。我们的孩子们成长了，家长们也感觉心灵被净化了。这次的青海助学活动不但让孩子们学到了很多课堂以外的

东西，更给他们的心灵播撒了爱和责任的种子。

筑起呼小与大西北的爱心桥

——记呼家楼中心小学"我的心·计划"青海助学行

5月2日晚，我校青海助学家庭团一行70余人，带着大西北的气息回到北京。4吨重的文具、书籍和体育用品，由他们亲手送到青海贫困地区师生们的手中。8天的时间，他们用汗水筑起呼小与大西北师生间的爱心桥。

始于2011年的青海助学计划，是我校"三礼"教育的深化和延伸。师生们已先后两次举行爱心义卖活动为青海贫困地区的小学募捐。学校邀请"我的心·计划"发起人徐威来校开展公益宣导活动，许多教师和家长加入志愿服务团队中。

本学期开学之初，我校就开始招募前往青海参与助学活动的家庭团队。虽然费用自理，但学生和家长报名非常踊跃。有父亲陪孩子去的，有母亲陪着去的。因为父母忙于工作，六年级女孩肖潇决定独自与大家同行。启程前几天把脚崴了的胡秋实同学，架着拐与父母一起参加了助学团。助学团里还有三名外籍学生家庭。经过几次精心筹备，4月25日清晨，我校25个家庭团队的51人与"我的心·计划"团队的20多名志愿者一同踏上了前往青海的旅途。

4吨捐赠物品提前运抵青海，承担搬运任务的是志愿者们，同学们则负责将物品分发到青海小朋友的手中。身处海拔三四千米的高原，许多孩子出现了高原反应，但当他们与青海师生们面对面，许多不适都被抛在了脑后。青海师生的笑脸，如阳光一般温暖着助学团成员的心，也消除了初来乍到的陌生感。一年级小学生李明谕，开始时有些拘谨，身体也有些不舒服，但他在爸爸的鼓励下坚持给青海的同学分发文具，一起做游戏，还走进学生家中。他很快活泼了起来，皮肤也晒黑了。二年级学生赵天宇，平时有点淘气，他看到青海的小同学拿到铅笔盒爱不释手，很受触动，对妈妈说："我今后一定要珍惜文具。"他的妈妈欣慰地说："孩子在帮助别人的同时自己也在进步。"助学团成员先后到了化隆、循化、同仁三个贫困县的9所小学，有时颠簸在泥泞的山间小路，有时需要在沙尘中行走，最远的藏区需要5～6个小时路程。为了不给当地增添负担，每天每名志愿者的午饭仅仅是一碗泡面加一两个早餐剩下的花卷，但每一个人都不言苦。孩子们把一份份文具亲手递送到回族、撒拉族、藏族小朋友手中，大家一起开心地笑，一同上课，手挽手走进受助家庭。小志愿者们感受到了贫困地区的小朋友对学习的热爱和乐观向上的生活态度，噙着泪水为青海师生放声高唱我校校歌："远离碧海，未靠高山，知识的高峰携手登攀……"

这份友爱互助之情涤荡着两地孩子的心灵。学生和家长们每天都把当天的活动信息和图片上传到我校网站和各自的班级博客中，让在校的师生随时能了解到他们的助学情况。在校同学自发地与远在大西北的同学联系，关注着活动的进展。

不平凡的青海之行，给助学团师生及家长留下了难忘的记忆。在助学过程中，教师带领孩子和家长伸出援助之手，在别人有需之时，去帮助他们！

三、援青海爱心义卖活动，培养学生实践能力

除送温暖活动和青海助学行活动外，我校还与"我的心·计划"公益组织合作开展了七次不同形式的爱心义卖活动。爱心义卖活动以培养学生公益心、社会责任感为宗旨，致力于丰富学生的社会实践经验。

爱心义卖活动由教师组织，学生以班级为单位在操场或所在楼层进行图书、文具、光盘的交易活动，并将所得资金以三种不同的方式捐助给青海门源县贫困山区的学生。在每次义卖活动前，学校都会制定详细的活动规划，以保障义卖的有序开展。

在爱心义卖活动上，我们呼吁每位学生及老师自愿捐出至少1本图书、1件文具或1张光盘作为义卖品，要求物品七成新以上，以可以继续使用为标准。各班以捐赠物品为交易内容，明码标价。

为了更好地锻炼学生的综合能力，我们组织教师在义卖会开始前夕，根据学生兴趣成立销售部，销售部成员3~7人，至少设立销售员(2名)、收银员(2名)，每班自己设计该销售部的名称、广告牌、广告语及营销策略、促销方案等。每卖出1件物品都要开具销售票据，由收银员负责收款。各班可以推出正当的促销活动，方式自行设计。

活动结束后，各班对交易活动中所得钱款进行结算，由各班自愿决定捐款数额，班级成立资金管委会，监督捐款账目及所剩钱款的流向。

另外，学校提醒所有参与活动的人员带适量现金，量力而行，妥善保管，精打细算，记好账目，索要票据，谨防遗失。一二年级小同学因年龄原因，可单独在年级组内或班内进行交易。

总的来说，我们召开的义卖会强调义卖，不以营利为目的，所得资金自愿捐献，可以赚钱但原则上赚得越多应该捐得越多。各班搞了各种充满创意的促销活动。全校师生都能有序地在活动中从事买卖活动，体现了"三礼"教育的成果。我们看到同学们能互谦互让，语言文明，公平交易，彼此照顾，使活动散发出浓浓的暖意。

我校在"十二五"期间开展了多样的公益教育活动，使学生逐步了解社会、走进社会，在丰富学生课余文化生活、增加学生社会实践经验的同时，也弘扬了公益理念，增强了学生的社会责任感，让更多的人关注贫困地区的教育问题，让更多的人参与到公益事业中来，共同为社会的和谐稳定做出贡献，实现了学校"三礼"教育的深化和发展。

后　记

2014年，习近平总书记就"四有"好老师的标准发表了重要讲话，向广大教师发出了成为党和人民满意的"四有"好老师的号召。讲话明确了新时代人民教师应具备的"有理想信念、有道德情操、有扎实知识、有仁爱之心"的特质，为教师队伍建设指明了方向，并为教师的教书育人实践提供了根本遵循。

在2024年这个"四有"好老师重要讲话发表十周年的重要时刻，我有幸参与"四有"好老师系列丛书的编撰工作。在书中，我分享了自己二十多年的教育经历和感悟，以及在提升道德素养、知识素养、能力素养和心理素养等方面的经验和做法。在编撰过程中，我始终以培养"托起明天太阳的好老师"为目标，以教育专家的理论阐述为基础，结合呼家楼中心的真实案例，生动地展现了一线教师对"四有"好老师的理解和实践，呈现了教师在"四有"好老师思想引领下的教育追求和探索。

风正潮平，自当扬帆破浪；任重道远，更须策马扬鞭。中小学教育是国民教育的基石。作为小学校长，我深感培养更多优秀老师的责任重大，使命光荣。未来，我将继续不忘初心，耕耘在教育这片热土上，围绕党和人民的需要，大力弘扬教育家精神，以"大先生"为榜样，培养具有大格局、大视野、大担当、大境界的新时代教师，为建设高素质、专业化、创新型的教师队伍贡献自己的力量。

马　骏

2024 年 8 月

图书在版编目（CIP）数据

用爱托起明天的太阳/马骏著.—北京：北京师范大学出版社，2025.1.（"四有"好老师系列丛书）.—ISBN 978-7-303-30127-0

Ⅰ.K825.46

中国国家版本馆 CIP 数据核字第 2024SM2980 号

营　销　中　心　电　话　010-58805385
北 京 师 范 大 学 出 版 社
主题出版与重大项目策划部

YONGAI TUOQI MINGTIAN DE TAIYANG

出版发行：北京师范大学出版社　www.bnupg.com
　　　　　北京市西城区新街口外大街 12-3 号
　　　　　邮政编码：100088
印　　刷：北京盛通印刷股份有限公司
经　　销：全国新华书店
开　　本：730 mm×980 mm　1/16
印　　张：15
字　　数：200 千字
版　　次：2025 年 1 月第 1 版
印　　次：2025 年 1 月第 1 次印刷
定　　价：82.00 元

策划编辑：祁传华　　　　　责任编辑：陈佳宵
美术编辑：王齐云　　　　　装帧设计：王齐云
责任校对：陈　民　　　　　责任印制：马　洁　赵　龙